IN VRIJHEID SAMENLEVEN

Essay

Hendrik Bogaert

In liefdevolle en dankbare herinnering aan mijn grootouders: Albert Bogaert, Rachel Dedeurwaerdere, Albert Hoet, en Lia Desimpel.

In vrijheid samenleven
© 2017 Hendrik Bogaert

Eerste druk
A C E G I H F D B

ISBN-13: 978-1979834827
ISBN-10: 1979834822

www.hendrikbogaert.be

Inhoudstafel

IN VRIJHEID SAMENLEVEN

1. Inleiding

EEN VRIJE SAMENLEVING is één van de mooiste idealen om als mens voor te ijveren. Vrijheid is zuurstof voor vele burgers en wanneer dit gecombineerd kan worden met een sterke, solidaire en inclusieve samenleving, dan heeft men het hoogste doel bereikt.

Dit essay handelt over de vraag of het nodig kan zijn om sommige vrijheden van de enen matig in te perken om blijvend te kunnen garanderen dat anderen nog vrijheden over houden. We doen dit nu reeds in sociaaleconomische thema's waar we – terecht – de vrijheid van een monopolistische onderneming of de ongebreidelde werking van de markt inperken zodat we een welvaartsstaat kunnen opbouwen en in stand houden. Het alternatief is immers zuiver en onbeperkt kapitalisme, dat is een primitievere vorm van samenleving die veraf staat van de warme, inclusieve welvaartsstaat die we in Europa na de Tweede Wereldoorlog hebben kunnen opbouwen.

In de voorbije decennia, en dan vooral sinds het begin van de eenentwintigste eeuw, is onze maatschappij danig geëvolueerd. Een aantal elementen in die evolutie hebben te maken met diversiteit, cultuur, levensbeschouwing, en socio-economische solidariteit. De raakvlakken van die verschillende elementen komen in dit essay aan bod, met als centrale vraag: hoe kunnen we zowel onze welvaartsstaat als onze vrije samenleving duurzaam bestendigen? Welke snijpunten zijn cruciaal, hoe gaan we als beleidspolitici, en burgers, best om met de uitdagingen die de maatschappij ons biedt? Als fundamentele rechten en vrijheden botsen, waar trekken we dan de lijn – zijn er specifieke rechten die we hoger plaatsen op de rangorde dan andere?

Om die vragen te beantwoorden ging ik, als mens en als politicus, op zoektocht. Ik begon met de vraagstelling wat vrijheid is, en hoe ze vandaag past in ons Westers samenlevingsmodel.

> **Dit essay handelt over de vraag of het nodig kan zijn om sommige vrijheden van de enen matig in te perken om blijvend te kunnen garanderen dat anderen nog vrijheden over houden.**
>
> **Als fundamentele rechten en vrijheden botsen, waar trekken we dan de lijn – zijn er specifieke rechten die we hoger plaatsen op de rangorde dan andere?**

1.1 Over vrijheid

Vrijheid is één van de waarden die een mens diep gelukkig kunnen maken. Wie droomt er niet van om te mogen vliegen tot in de hemel of eindeloos te wandelen door ongerepte duinen? Tot ver voorbij de verbeelding spreekt vrijheid de mens aan. Daarom wordt er zo hard voor gestreden en er zo diep over nagedacht. Onze wereld is in volle ontwikkeling. Dat is een positief gegeven omdat verandering kansen geeft om te verbeteren. Het lijkt alsof er steeds meer vrijheid komt voor steeds meer mensen. Het lijkt dan ook logisch: streven naar zoveel mogelijk vrijheid voor zoveel mogelijk mensen is een prachtig doel, en het streven naar maximale vrijheid voor elk individu is een nog mooier doel om te beogen. Het kan immers meer mensen gelukkig maken dan vandaag de dag het geval is.

Tegenwoordig beseft iedereen dat de vrijheid van de ene stopt waar de vrijheid van een ander begint. Maar waar begint vrijheid in onze tijden voor een individu en waar botst ze op de vrijheid van iemand anders? En hoe is dit anders in een wereld in volle ontwikkeling waar mensen hoe langer hoe meer overal naar toe kunnen reizen?

Er is vandaag meer vrijheid dan vroeger in de zin dat de mens meer dan ooit beweeglijk is. Eén van de mooiste dingen die een mens kan doen, is zijn eigen planeet gaan verkennen. De gulheid die de aarde te beurt is gevallen is oneindig. Wanneer men de prachtige dalen en bergen, stranden en eindeloze groene vlaktes ziet die onze continenten rijk zijn, dan is daar alvast geen twijfel over. Mensen ontzeggen om vrij te bewegen en eigenlijk een stuk van de schepping te bezoeken, is hen vrijheid ontzeggen. Op termijn is dat onhoudbaar en dus komen we stap per stap in een nieuwe situatie waarbij mensen die vroeger niet internationaal mobiel waren, dat toch worden. Elke mens die een andere mens het opperste geluk gunt, zal dit positief vinden. Maar zulk een verhoogde vrijheid, onder de vorm van een grotere internationale mobiliteit, brengt ook uitdagingen met zich mee.

Welke mate van vrijheid hierbij te bedenken valt, die voor iedereen haalbaar is, is een belangrijke vraag. Met andere woorden, welke vrijheid is mogelijk indien het wenselijk is dat die nog steeds combineerbaar blijft met wat we redelijkerwijze gezien als 'samen leven' zouden definiëren?

Het zou in principe wenselijk zijn dat die vrijheid zo groot mogelijk is. Immers, wanneer iets positief is, waarom zou méér van dat goede, slecht kunnen zijn? Wanneer een perzik lekker en gezond is, waarom zou dat anders zijn bij vier perziken? Of bij veertig perziken? Wanneer gezonde lucht positief is, waarom zou méér gezonde lucht een debat waard zijn? Hoe kunnen we écht samenleven, indien mogelijk beter dan vroeger, met een maximale vrijheid voor elk individu? Dat zijn de essentiële vragen in dit essay.

> Wie droomt er niet van om te mogen vliegen tot in de hemel of eindeloos te wandelen door ongerepte duinen?
> Wanneer een perzik lekker en gezond is, waarom zou dat anders zijn bij vier perziken?

1.2 Absolute vrijheid in socio-economische context

Het doel van heel veel mensen is een mooie droom die werkelijkheid kan worden: een warme, solidaire, inclusieve samenleving. Een samenleving waar niemand uitgesloten wordt. Anders kan je moeilijk spreken over 'samen leven'.

Voor die inclusieve samenleving doen we enorme inspanningen. Wanneer iemand uit de boot valt, dan stopt de boot; de drenkeling wordt aan boord gehesen en pas daarna vaart de boot verder. Het is gepast in dit kader te verwijzen naar de sociale zekerheid die in diverse Europese landen goed is uitgebouwd als onderdeel van de welvaartsstaat. In ons land is het budget van die sociale zekerheid zo een tachtigtal miljard euro groot. Er kan nog veel aan verbeteren maar we staan reeds ver. Karl Marx schreef in 1847 vanop een zolderkamertje in Brussel mee *Het communistisch manifest* als reactie op wat hij zag als sociale wantoestanden. Gelukkig heeft de beschaving ondertussen belangrijke sociale aanpassingen aangebracht aan de economisch volledig vrije markt.

De absolute vrijheid van de vrije markt werd op belangrijke plaatsen bijgeknipt. In verdelende rechtvaardigheid bij belastingen, in loonvorming, in essentiële rechten voor werknemers en in ecologische en duurzame belangen. De volledige vrijheid van sommigen werd ingeperkt ten voordele van heel velen. Sommigen zouden dit een Benthamiaanse aanpak noemen, naar de Engelse filosoof Jeremy Bentham (1748–1832) die bekend staat voor zijn pleidooi voor zo veel mogelijk nut voor zoveel mogelijk mensen.[1] Dat daarbij een enkel individu wat minder heeft, is volgens deze filosofie te verdedigen. Bij de afweging tussen het nut van de groep en dat van één individu, wint de groep. Het idee is immers om zo veel mogelijk mensen zo gelukkig mogelijk te maken. Dat een enkele persoon daardoor wat minder vrijheid heeft, is te verantwoorden; de vrijheid van zovele anderen is immers primordiaal.

Het debat over verdelende rechtvaardigheid is springlevend. Wat het vrijheidsdebat betreft is de vraag in essentie waar het gras van de totale vrijheid wordt bijgeknipt. Gaan we enkel de hoogste sprieten knippen, of wordt er al helemaal onderaan geknipt?

Sommigen pleiten er zelfs voor om het gras helemaal weg te schroeien. Ze pleiten, ook in ons land, bijvoorbeeld voor nationalisering van grote bedrijven. Ze volgen daarbij de visie van Karl Marx, ook al is de huidige context niet te vergelijken met die van de negentiende eeuw.

Anderen pleiten er voor om het gras helemaal te laten groeien tot waar het ook maar groeit. Ze argumenteren in dit perspectief op basis van individuele rechten. Ze hangen onder meer Robert Nozick aan, een invloedrijke Amerikaanse professor aan Harvard, die persoonlijke vrijheid en het recht op eigendom bijzonder belangrijk achtte.

Nog anderen volgen één van de belangrijkste Amerikaanse filosofen van de vorige eeuw, John Rawls[2]. Hij pleitte er in zijn hoofdwerk *A Theory of Justice* (1972) voor om de beginselen van rechtvaardigheid te kiezen achter 'een sluier van onwetendheid'. (Ik zal in dit essay spreken over 'een gordijn van onwetendheid' om verwarring met een sluier of hoofddoek te vermijden.) Rawls vraagt zich over verdelende rechtvaardigheid het volgende af: stel dat je niet weet of je arm of rijk bent, welke beslissing zou je dan nemen? En ook in filosofische vraagstukken gebruikt Rawls deze parallel.

Toegepast op het vrijheidsdebat zouden we ons de volgende vraag kunnen stellen: stel dat je niet weet van welke politieke strekking of socio-economische achtergrond je afkomstig bent, in welke mate zou je er voor pleiten om het gras bij te knippen? Hoe ver wil je de vrijheid van individuen inperken om tot meer rechtvaardigheid te komen voor de grotere groep?

Waar het in dit essay niet over gaat, is tot waar in economische thema's die vrijheid zou moeten beperkt worden. Maar één van de basisgedachten van dit essay is de feitelijke vaststelling dat democratieën verspreid over de wereld in economische en sociale zaken tussenkomen met als doel een beter resultaat te boeken. In het ene land is zulk een interventie harder of ingrijpender dan in een ander land, maar quasi nergens ter wereld kiest men er voor om helemaal niet tussen te komen. Zelfs Nozick liet in de jaren '80 in zijn visie enige ruimte toe voor solidariteit.

We laten de 'biologie van de markt' dus niet los op de beschaving en op de mensheid in economische en sociale zaken. Het principe van vrijheid blijft, het gras groeit goed en vanzelf maar er wordt (terecht) bijgeknipt.

Is er dan een goede reden om de methode van bijknippen die we spontaan toepassen op sociale en economische thema's ook op identiteitsthema's toe te passen?

Of is het zo dat we enkel op sociaal en economisch vlak eerder Bentham moeten volgen? Hij pleitte voor het hoogst mogelijke nut voor zoveel mogelijk mensen: dit lijkt te zijn wat we doen bij de uitbouw van de welvaartsstaat. De vrijheid van enkelingen wordt bijgeknipt ten voordele van de rest van de samenleving.

Kan dit ook op het vlak van identiteit of geldt daar een onbeperkte vrijheid van handelen? Wanneer dit eventueel niet zo is, moeten we dan enkel op identiteitsvlak John Stuart Mill volgen, die als de grondlegger van de absolute vrijheid van meningsuiting en van religie wordt beschouwd?[3] Of is het ingewikkelder dan dat?

Is het eventueel zo dat de theorieën van Bentham en Mill zo te begrijpen zijn dat Bentham de ruwbouw is van het huis en Mill de meer gesofisticeerde afwerking? Dat Mill die *On Liberty* een zeventigtal jaar later schreef, reeds diep in de negentiende eeuw, een verbeterde versie is op het concept van Bentham? Aangezien de grootste kritiek die je op Benthams 'het grootste mogelijke nut voor zoveel mogelijk mensen' natuurlijk kan hebben is dat er individuen kunnen zijn die in een dergelijk schema helemaal uit de boot vallen. Soms letterlijk. In deze interpretatie staat Mill dus hoger op de ladder van de beschaving dan Bentham.

Een individu kan trouwens een grote groep redden met een heldendaad. In de film Dunkirk wisselt men voortdurend Milliaanse met Benthamiaanse uitgangspunten waarbij op het einde duidelijk wordt gemaakt dat een individuele piloot zo belangrijk kan zijn dat die een ganse groep redt.

Anderen zullen argumenteren dat zowel Benthamiaanse als Milliaanse redeneringen beiden fundamenten zijn van hetzelfde huis. Dat de afwegingen ook in de toekomst nu eens zullen gaan in de richting van Bentham en dan eens in de richting van Mill. Het lijkt er daarbij ook soms op dat hoe dramatischer de situatie, hoe meer we kiezen voor Bentham. En het lijkt er ook op dat we in sociaaleconomische thema's sneller Bentham volgen dan in identiteitsthema's.

> De absolute vrijheid van de vrije markt werd op belangrijke plaatsen bijgeknipt.

1.3 Waarom streven naar een inclusieve samenleving?

Je moet wellicht een beetje een communitarist zijn om een probleem te hebben met een niet-inclusieve samenleving. Een communitarist is niet te verwarren met een communist. Een communitarist vindt niet dat alle goederen van de gemeenschap moeten zijn maar vindt de gemeenschap verder wel belangrijk en bepalend. Verder in dit essay zal ik een communitarist – meestal maar niet altijd – een gemeenschapsaanhanger of een gemeenschapsdenker noemen.

Men staat als gemeenschapsaanhanger open voor diversiteit maar in die filosofie zoekt men ook naar wat men gemeen heeft. Daar een goede balans in vinden is niet evident. Fernando Savater, één van de bekendste en meest gelezen filosofen van deze tijd zegt daar over: "Tegenwoordig is het mode om juist te beklemtonen dat de rijkdom van de mens ligt in de onderlinge verschillen. Mij lijkt dat het omgekeerde waar is: de rijkdom van de mens ligt juist in het feit dat wij allemaal op elkaar lijken. Precies dat stelt ons in staat zowel onze eigen behoeften als die van anderen te begrijpen, zowel zelf te denken als samen te werken met elkaar." Of nog "In dit perspectief blijkt ook waarom het zo teleurstellend is dat tegenwoordig de kreet 'diversiteit' geldt als progressief (hoewel veel verschillen in feite voortkomen uit een behoorlijk reactionair wereldbeeld), terwijl de roep om 'eenheid' dan weer geldt als bijna fascistisch (hoewel er zonder eenheid geen gelijkheid voor de wet of zelfs maar burgerschap zou bestaan). Uiteraard heeft iedereen het onvervreemdbaar recht om anders te zijn, maar dat is iets anders dan te stellen dat er verschillende rechten en plichten voor verschillende burgers zijn."[4]

Een gemeenschapsdenker vindt de gemeenschap belangrijk om zich thuis te voelen, en om er solidariteit en identiteit aan vast te haken. Die gemeenschap kan super lokaal zijn, bijvoorbeeld de wijk. Sommigen definiëren de gemeenschap als supranationaal of bijna universeel. Ze spreken dan over de Europese gemeenschap of de wereldgemeenschap.

Bij de meeste gemeenschapsaanhangers is de identiteit wat verspreid. Maar de lokale gemeenschap is vaak het belangrijkst omdat daar in de meest zuivere vorm het gemeenschapsdenken wordt aangevoeld. Volgens Edmund Burke is het daar dat de link start naar liefde voor het land en liefde voor de mensheid.[5] Vandaar zijn furie over de eerste dagen van de Franse revolutie waar men *tabula rasa* wilde maken met de oude dorpen als geografische indeling.

In een wijk, dorp of regio is het zeker gemakkelijker om identiteit, een morele band en solidariteit te voelen en te organiseren. Hoe kleiner de geografische entiteit, hoe gemakkelijker – in principe – om zich verbonden te voelen.

Vaak beroept men zich op 'onze normen en waarden' om die gemeenschap wat af te bakenen van grotere gehelen of van buitenstaanders. Die gemeenschappelijke waarden hebben een historische achtergrond, hebben de tand des tijds doorstaan en worden als geldend of typisch voor de streek aanvaard. Het formuleren van de eigen waarden omvat steeds een zeker patriottisme, en de verleiding om zich beter te wanen dan gemeenschappen met andere waarden schuilt om de hoek.

Dat is wellicht ook het zwak punt van het communitarisme zoals Harvard professor Michael Sandel heeft betoogd.[6] Namelijk, wat is de morele grondslag van 'onze bestaande waarden en normen' binnen een lokale gemeenschap of een land en waarom zou men ze niet meer mogen onderwerpen aan een moreel oordeel? Indien men volgens bestaande waarden en normen kiest voor slavernij, waarom zou men dan dat standpunt niet meer in vraag mogen stellen? De dominantie van de leidende gemeenschap of leidende cultuur zou in het voorbeeld van de slavernij en ook in minder flagrante voorbeelden tot moreel verwerpelijke situaties leiden.

Ook is een zekere waakzaamheid geboden wanneer een gemeenschap omgezet wordt tot een staat. Savater zegt daar over: "Het zijn de staten zelf geweest die uit praktische overwegingen verschillende groepen en gemeenschappen tot een eenheid hebben gesmeed en vervolgens een politieke 'ziel' voor die mengelmoes hebben bedacht."[7]

In elk geval is een gemeenschapsdenker in eerste instantie geen *liberal* in de Amerikaanse definitie van het woord. Een *liberal* wil vooral neutraal zijn in de keuzes van elk individu en verder vooral weg blijven met een moreel oordeel. Aan iedereen dezelfde vrijheden en voor de rest probeert men geen oordeel te vellen. In een maximaal scenario is er sprake van een sociaal contract dat die basisvrijheden reeds heeft geregeld, een soort niet meer in vraag te stellen set van vanzelfsprekendheden die als een kader werken. De rest is democratische onderhandeling waar oordelen uit den boze is.

Een gemeenschapsdenker zal inclusie in twee dimensies beleven. Een eerste dimensie is die waar gemeenschapsdenkers sterk zullen pleiten voor verdelende rechtvaardigheid. Hoe kan men immers op moreel verantwoorde wijze alle leden van de gemeenschap als échte leden beschouwen indien sommigen ervan een ellendig en armoedig bestaan zouden kennen? Het nut van een bijkomend miljoen voor een multimiljonair kan nooit zo groot zijn dan hetzelfde opgetelde nut van tien alleenstaande moeders die dat bedrag zouden mogen verdelen.

Ook hier sluipt een stuk een Benthamiaanse redenering binnen in de zin van de ambitie tot maximaal nut voor zoveel mogelijk mensen. Het is eigenlijk vaak een variante waarbij het de bedoeling is om het nut van de samenleving als geheel te verhogen. Zo zien gemeenschapsdenkers de samenleving vaak als één lichaam dat haar nut wil maximaliseren. Bij zo een zienswijze is er weinig discussie: redelijke herverdeling zal het nut van het geheel verhogen. Gemeenschapsdenkers zullen hier genuanceerd en in verschillende gradaties over redeneren. Hoogstwaarschijnlijk zoeken ze naar proportionele manieren om het doel te bereiken. Het resultaat wordt dan gemeten in de graad van sociale mobiliteit en Gini-coëfficiënten die inkomensverschillen weergeven.

Globaal komt men daar in de meeste West-Europese landen wel uit. De Gini-coëfficiënt is eerder laag in Duitsland zoals in enkele omliggende landen. De sociale mobiliteitsindexen zijn goed in landen als Denemarken en België. Het deel dat de werknemers toekomt van de totale toegevoegde waarde is sinds Marx gelukkig belangrijk geworden. Het werk is echter nog niet afgerond en de discussie over de verdeling van de toegevoegde waarde blijft een eeuwige discussie in het hart van de democratie. Maar binnen de meeste democratieën is er een zekere consensus over hoe een sociaal gecorrigeerde markteconomie er uit kan zien.

Gemeenschapsaanhangers hebben relatief weinig discussies over hoe ver de solidariteit moet gaan. De budgetten zijn gesloten volgens de geografische eenheid en jurisdictie. De Nederlandse sociale zekerheid en het Nederlandse overheidsbudget, bijvoorbeeld, vallen onder de soevereiniteit van Nederland. Wellicht zijn er discussies over de hoogte van de uitgaven voor ontwikkelingssamenwerking of over de bijdrage aan de Europese Unie. Ook heeft het Europese politieke niveau enige, weliswaar beperkte, beslissingsinvloed indien er excessen of problematische situaties zouden ontstaan. Maar los van die drie punten, komen gemeenschapsaanhangers op de eerste dimensie, die van de verdelende rechtvaardigheid, relatief goed overeen.

Een tweede dimensie van inclusie waar gemeenschapsdenkers sterk voor zullen pleiten is het uitdragen en in stand houden van bepaalde gemeenschappelijke waarden en identiteit. Die waarden zijn de kapstokken voor identiteit en ze vormen tevens een gedeeld verleden en toekomst. Ze laten toe dat mensen zich thuis voelen en dat er duidelijke afspraken zijn zodat we tot een beter resultaat komen voor iedereen. De morele condities om tot een gemeenschap te komen zijn duidelijk.[8]

Er is evenwel minder consensus met betrekking tot deze tweede dimensie dan bij de eerste – de economisch herverdelende dimensie – van gemeenschapsdenkers.

De meningsverschillen komen tot uiting op zowel filosofisch als op geografisch vlak.

Op filosofisch vlak gaan extremere gemeenschapsdenkers raakvlakken hebben met nationalisten. Ze staan voor een bijzonder sterke beleving van de gemeenschappelijke waarden en sociale normen en deinzen niet terug voor druk tot uniformering en zelfs assimilatie.

Extreem zachte gemeenschapsdenkers hebben op het vlak van identiteitsvraagstukken, raakvlakken met *liberals*. Zolang de wet gerespecteerd wordt, is het goed, voor de rest zal men niet moreel oordelen.

Er zijn veel tussenvormen mogelijk maar er zijn weinig mensen die een filosofisch beeld hebben dat helemaal ongevoelig is voor gemeenschapswaarden. Er is bij bijna iedereen enige notie van het communitarisme. Maar er is natuurlijk veel verschil in het nog net dulden van medeburgers omdat ze hetzelfde paspoort hebben en een echte morele omarming... Waar men zich ook bevindt op die as, bij één van de extremen of in het midden, velen zijn het er over eens dat de gemeenschappelijke identiteit niet één is, maar uit meervoudige componenten bestaat.

Op het geografische vlak is er een eerste component die bestaat uit een zeer lokale verbondenheid met de wijk, de school en het dorp of zelfs de deelgemeente. Een tweede component is de band met de regio of het land en een derde component met een confederatie van landen, zoals de Europese Unie of zelfs met de ganse wereld.

Het uitdrukken van het als gemeenschap denken, van het communitarisme, kan hierbij enorm variëren en is vaak functie van de precieze socio-geografische eenheid waarmee men zich moreel verbonden acht.

Sommigen hangen een bijna volledig universalisme aan. Een mens is een mens, waar ook ter wereld. De individuele rechten gelden overal en zijn compromisloos. Het is voor hen het meest normale, het meest humane streefdoel. Ze zien de wereld als hun dorp en grenzen zijn ouderwetse obstakels. Immers, waarom zou je de schepping die bedoeld is voor iedereen willen afbakenen. Ze vragen zich af: waarom reservaten maken waar sommige mensen niet uit mogen, waarom integreren wanneer elke mens vrij is om zich te uiten zoals hij wil, welke schade zou men kunnen berokkenen aan iemand anders wanneer men gekleed is zoals men gekleed is? Wanneer er geen schade is, waarom zou je dan de vrijheid beperken van je medemens?

Anderen zien dan weer hun communitarisme als sterk verbonden met een regio. Ze argumenteren dat ze daar een verleden en een toekomst mee hebben. Met de rest van de wereld hebben ze minder van doen. Als daar problemen zijn, kan er wel enige solidariteit zijn, maar die is zeker niet onbeperkt. Als er niemand uit de boot mag vallen, dan is het voor hen al zeker niet toegelaten dat iemand een andere boot neemt. Ze eisen een sterk engagement tot integratie voor wie van buiten af komt om deel uit te maken van de samenleving. In wezen zetten ze hun waarden – al dan niet terecht – voorop bij die van de nieuwkomers. Dat lijkt hen ook de beste garantie op een voorbestaan van hun eigen waarden en normen. Vaak zijn er in zulke situaties ook raakvlakken met chauvinisme. Door het accentueren van hun eigen principes, communiceren ze vaak superioriteit over de principes van anderen, nieuwkomers.

We maken nog abstractie van de groep die zich ook aanhanger van de gemeenschap zal willen noemen maar die zich zo extreem beperken tot de strikte grens van hun land of regio dat ze eerder sterk nationalistisch te situeren zijn.

Er is dus op filosofisch en op geografisch gebied, een enorm scala aan mogelijkheden binnen de groep mensen die zich redelijkerwijs communitaristen of gemeenschapsdenkers willen noemen.

Het komt er op neer dat gemeenschapsdenkers hun engagement in proportie tot hun morele verbondenheid met een bepaalde cirkel zien. Wanneer ze zich enorm verbonden voelen met de identiteit van hun regio, dan is er plaats voor veel engagement voor die regio. Wanneer dit minder is, maar meer voor de wereld als geheel, dan gaat hun engagement meer in de richting van de wereld. Maar allen verwijzen ze wel naar een zekere vorm van gemeenschap. Er is immers steeds een gemeenschap met dewelke men zich verbonden voelt. Daarom is het in de debatten over inclusie belangrijk om te weten over welke gemeenschap het precies gaat. Verbondenheid is op zich in deze discussie een los begrip.

De echt belangrijke maatschappelijke vraag is: over welke gemeenschap spreken we, wat is de referentiegemeenschap? Met welke gemeenschap hebben we een morele connectie die ons aanzet om verantwoordelijkheid aan te voelen en op te nemen?

De voordelen van een inclusieve samenleving zijn duidelijk. Maar wat is dan het probleem bij een niet-inclusieve samenleving? Om die vraag te beantwoorden moeten we een bespreking doen van de soorten niet-inclusieve samenlevingen.

Ten eerste zijn er de niet-inclusieve samenlevingen waarbij individuen er niet bij horen. Ze kunnen er niet bij horen omdat ze er zelf uitstappen of wensen uit te stappen. Een voorbeeld op socio-economisch vlak is dat mensen, nog niet zo lang geleden, ook in België zouden kunnen beslissen om uit de sociale zekerheid te stappen en zich volledig zelf te verzekeren.

Anderzijds kan het ook het geval zijn dat mensen er eventueel niet bij kunnen horen omdat ze als individu uitgesloten worden door de gemeenschap. Er zijn ook niet-inclusieve samenlevingen waarbij sub-gemeenschappen er niet bij horen. Ook hier kunnen ze er niet bij horen omdat ze er zelf uitstappen of wensen uit te stappen; dan spreken we over vrijwillige segregatie. Of ze kunnen er in sommige gevallen niet bij horen omdat ze als sub-gemeenschap uitgesloten worden.

Voor een gemeenschapsdenker is het wellicht erger dat een individu of een sub-gemeenschap uitgesloten wordt. Maar wanneer een individu of een sub-gemeenschap er voor kiest om uit de gemeenschap te stappen, is de gemeenschapsdenker meestal ook niet tevreden. Hij zal niet gelukkig zijn dat iemand zelf en vrijwillig een andere boot neemt, zeker niet op het ogenblik dat er inspanningen zijn om iedereen aan boord te hijsen die in moeilijkheden zit.

De fragmentatie van de gemeenschap, ook al is die verschillend geografisch gedefinieerd, leidt tot uitdagingen en problemen van allerlei aard.

Wanneer sub-gemeenschappen zich manifesteren, dan ontstaat onmiddellijk het debat over de gemeenschappelijke waarden. Elke gemeenschap zal immers haar eigen waarden en gebruiken hebben, anders zou het ook geen sub-gemeenschap zijn. Om nog geloofwaardig van een gezamenlijke gemeenschap te spreken, moeten de waarden minimaal overlappen in een brede en hoge sokkel. Naar gelang die sokkel lager en minder breed is, dan vermindert het idee van één gemeenschap. Dan spreekt men van een verticaal gesplitste maatschappij met subdivisies.

Een echte gemeenschapsdenker moet het dan moeilijk krijgen want de kapstok voor zijn identiteit, het verleden en de toekomst, komt in gevaar. De morele voorwaarde om tot een gemeenschap te komen, is niet vervuld. En zonder gemeenschap is er weinig zinvol leven mogelijk.

Een gemeenschapsdenker wordt dan als het ware gedwongen om zich volledig op het uiterste puntje te zetten van het communitarisme. De referentiegemeenschap van het communitarisme wordt dan de wereld. Een geldig referentiepunt, zeker. Maar zoals gezegd, veel gemeen-schapsdenkers hebben een samengestelde trouw aan gemeenschappen. En ze zullen zeker niet allemaal springen naar dat universele referentiepunt. Velen zullen hun verwachtingen naar de gemeenschap op een lager pitje zetten.

De niet-inclusieve samenleving, in de zin dat sub-gemeenschappen zich buiten de gemeenschap zetten, is dus een wezenlijk probleem voor de meeste aanhangers van het gemeenschapsdenken. Ze kunnen er ontgoocheld over zijn en eventueel belangrijke inspanningen doen om het tij te keren. Maar wanneer er desondanks sub-samenlevingen opduiken zijn ze meestal morele verliezers van de situatie. Dit gaat begrijpelijk gepaard met heel wat frustratie. Want diegenen die de meeste inspanningen doen om een splitsing van de samenleving te voorkomen, zij het op sociaaleconomisch, zij het op identiteitsvlak, zijn de eerste slachtoffers. Ze zijn als het ware de soldaten van de eerste linie die sneuvelen.

Bovendien is er een opkomend consistentieprobleem. Een gesplitste samenleving zet druk op de eerste dimensie van gemeenschapsdenkers. Immers, waarom zou men economisch engagement tonen t.a.v. mensen die leven in een sub-segment. Veel gemeenschapsdenkers hebben een loyauteit t.o.v. die referentiegemeenschap die zorgt voor een morele band. Het is veel moeilijker een morele band te ontwaren met een sub-segment dat in sommige gevallen moedwillig en collectief uit de gemeenschap is gestapt.

Het 'moedwillige' karakter zal een moeilijk te bewijzen element zijn of een adjectief zijn waar hard over gediscussieerd zal worden, maar het probleem is duidelijk. Economisch engagement gaat hand in hand met een morele band met de referentiegemeenschap. Die referentiegemeenschap wordt geschraagd door gemeenschappelijke waarden. Wanneer die gemeenschappelijke waarden er niet zijn, stort het economisch engagement in. Het debat over verdelende rechtvaardigheid wordt enkele graden moeilijker wanneer die solidariteit gevraagd wordt met een gemeenschap met wie men op identiteitsvlak op gespannen voet leeft.

Anderzijds is het ook niet zo dat men enkel economisch solidair kan zijn met wie men alle waarden deelt. Het zou bizar zijn een dakloze niet te helpen omdat hij een nationalist of een communist is. Maar er zal zeker schade zijn aan de spontaneïteit en de vrijwilligheid van het engagement.

Het instorten van het economisch engagement gebeurt niet zo maar. In een eerste fase zal men wellicht overgaan van Milliaanse naar meer Benthamiaanse redeneringen. De overwegingen zullen minder verfijnd, sommigen zullen zeggen minder beschavingsgericht zijn. Men zal meer redeneren in termen van zoveel mogelijk goed doen voor zoveel mogelijk mensen. Dit betekent dat men zal tolereren dat er mensen door de mazen van het net vallen. Deze mensen zullen niet hun absolute individuele rechten kunnen claimen zoals dit door een ethiek gedreven door rechten, op zijn Mills, wel het geval zou zijn. Maar men zal wel zo goed mogelijk blijven doen voor zo veel mogelijk mensen.

In een tweede fase, wanneer de morele band met de referentiegemeenschap helemaal doorgeknipt wordt, zal men ook Bentham laten schieten. Dan zal het meer de richting uitgaan van een Nozick. *'I own myself'* en alles wat je van mij nodig hebt, zal je met mij moeten komen onderhandelen. Dit staat dan mijlenver van de ideologie van de gemeenschapsdenkers.

En opnieuw is er volgens sommigen een risico dat de gemeenschapsdenkers met het grootste engagement, de grootste slachtoffers van de situatie zullen zijn. Tot hun ontgoocheling was de gemeenschap op identiteitsvlak al gekwetst door mensen die in hun eigen boot stappen en hun eigen sub-gemeenschap maken. Nu komt daar nog gevolgschade bij. Het economisch engagement en de appetijt tot solidariteit zal dalen, richting uiterst liberale denkpatronen. Het concept van de verfijnde en in de harten massaal ondersteunde welvaartstaat zal onder druk komen te staan.

Laten we dit even in de praktijk plaatsen. Wat bijvoorbeeld met de problematiek van de bootvluchtelingen? Een op rechten gebaseerde ethiek doet ons redeneren dat elke mens die in nood is, het recht heeft om naar Europa te komen om asiel aan te vragen. Het is ook de humane ethiek van niet-gouvernementele organisaties die op dit moment in de Middellandse Zee actief zijn.

Een ethiek gebaseerd op het zo goed mogelijk doen voor zoveel mogelijk mensen, voortspruitend uit het Benthamiaans perspectief, kan echter een andere redenering maken die als volgt luidt. Om wie moeten we ons werkelijk bekommeren? In de eerste plaats om de duizenden mensen die in staat zijn een overtocht over de Middellandse Zee te betalen. Of eerder eerst om de miljoenen mensen die in armoede en oorlog leven? Met een leefloon in Europa kan je tien mensen voeden in een arm land. Om die eenvoudige reden is het beter om het beschikbare budget in te zetten waar je het meeste mensen helpt, in het land of de regio van het conflict. Je moet volgens deze invalshoek minder nadruk leggen op een ethiek van individuele rechten, en dus minder in het redden van een relatief klein aantal mensen.

Dit klinkt voor sommigen juist en voor anderen eerder brutaal. Immers, is het niet van een hogere ethische orde om ten minste de ambitie te hebben om élke vluchteling te helpen? Daarom is het goed om zoveel mogelijk mensen de Middellandse Zee over te helpen. Trouwens, het ene sluit het andere niet uit. Anderen zullen net hier tegen in brengen dat het is omdat we een klein aantal helpen over de Middellandse Zee te komen en er zo goed mogelijk voor te zorgen, dat er daarom ook zo weinig aandacht gaat naar de vluchtelingenkampen van de achterblijvers. Een moeilijke ethische discussie waar vaak te weinig aandacht gaat naar het eerlijke en het heel menselijke engagement van heel veel mensen.

Mensen streven naar een inclusieve samenleving omdat ze t.a.v. de gemeenschap met wie ze een morele connectie hebben, willen dat alle leden daarvan dezelfde mooie en menselijke kansen tot geluk krijgen. Het idee is dat men vanuit een gemeenschappelijke set van waarden die morele band opbouwt. Het goede doel zijn economische solidariteit en een warme gemeenschappelijke identiteitsbeleving. Wanneer integratie mislukt en er sub-samenlevingen ontstaan, dan betekenen ze een uitdaging voor de gemeenschappelijke waarden van de samenleving in haar geheel. In de mate dat die sub-samenlevingen groter worden, is er een groot gevaar dat men noodgedwongen naar een los verband van samenleven evolueert met een kleine sokkel van gemeenschappelijkheid.

Deze brengt op haar beurt de economische solidariteit, het goede doel van een inclusieve samenleving in gevaar. Er dreigt een domino-effect en een ontrafeling van de samenleving.

> Men staat als gemeenschapsaanhanger open voor diversiteit maar in die filosofie zoekt men ook naar wat men gemeen heeft.
>
> Mensen streven naar een inclusieve samenleving omdat ze t.a.v. de gemeenschap met wie ze een morele connectie hebben, willen dat alle leden daarvan dezelfde mooie en menselijke kansen tot geluk krijgen.
>
> De echt belangrijke maatschappelijke vraag is: over welke gemeenschap spreken we, wat is de referentiegemeenschap?
>
> Een gemeenschapsdenker wordt dan als het ware gedwongen om zich volledig op het uiterste puntje te zetten van het communitarisme.

2. Religie in de publieke ruimte

VRIJHEID VAN RELIGIE is zeker één van de basisrechten van elke mens op aarde. Wie zou immers akkoord gaan om van godsdienst te veranderen omdat er nieuwe heersers zijn? Dat is terecht iets uit een ver verleden. Wie zou willen dat de delicate band tussen zijn geweten en waar hij ook in gelooft, verstoord wordt door een menselijke wet? Wie zou willen uitgeroeid worden omwille van religie? Allemaal zaken die helaas gebeurd zijn in de menselijke geschiedenis en waaruit we de diepste lessen moeten trekken. Ook hier neigt de intuïtieve overtuiging er naar om te pleiten voor zoveel mogelijk vrijheid van religie. Zijn immers niet de echt allergrootste menselijke debacles uitgebroken toen we deze vrijheid verhinderd hebben?

In de discussie over de vrijheid van religie gaan sommigen spreken over de private en de publieke ruimte, en over het *forum internum* en *forum externum*. Ze gaan akkoord met de vrijheid van religie zolang die maar binnenskamers wordt beleefd. Ze volgen hiervoor de redenering die zegt dat men vrij is, zolang men de vrijheid van anderen niet in gevaar brengt. Ook Rousseau alludeert daar bij het einde van zijn boek over het sociaal contract over.[9]

Maar is het wel zo is dat iemand die zich religieus uit, steeds de vrijheid van andere mensen in gevaar brengt? Zijn er werkelijk omstandigheden waar dit zo is, en zijn er situaties waar het niet zo is?

Een gebedsplaats op zich, ook al is men geen aanhanger van de godsdienst in kwestie, zal niet alle mensen storen. Veel van die gebedsplaatsen zijn trouwens ook reeds eeuwen en eeuwen aanwezig. Maar wat bedoelt men dan met het storende karakter van religie in de openbare ruimte? Zijn het de vertegenwoordigers van de religies, de clerus, die de vrijheid van anderen wegnemen? Bijvoorbeeld de imams of de priesters of zelfs een stapje verder, de paters, de broeders en de nonnen? Weinigen zullen de clerus storend vinden. Ze zijn nog slechts met weinigen en worden wellicht meer en meer beschouwd als een curiosum door een meerderheid van de bevolking. Ze dragen bij tot diversiteit in onze samenleving en worden door de meeste mensen als niet problematisch ervaren.

Wanneer we het niet hebben over die specifieke vormen van religie in de publieke ruimte, dan rest niet zo veel meer waar het dan wel kan over gaan. Religie in de publieke ruimte kan dan bijvoorbeeld wel nog gaan over burgers die zichtbare religieuze tekens aanhebben. Over onzichtbare tekens kan het ook niet gaan, immers daar heeft niemand omwille van privacy mee te maken.

De vraag is dus wat er precies gebeurt wanneer iemand met een zichtbaar religieus teken aan, op straat komt en geen lid is van de clerus. Denk aan een groot zichtbaar kruis, een hoofddoek of een keppel.

Hoe kan je daar zinvol op reageren? Het is niet gemakkelijk om daar vergelijkbare filosofische situaties voor te vinden. Spiritualiteit en religie zijn een aparte categorie omdat ze zich dicht bij de intimiteit van de ziel van een mens bevinden. Toch zoeken we een criterium om neutraal te zijn en zonder vooroordelen een moreel en sociaal oordeel te kunnen uitspreken.

Stel dat we Rawls' concept van een 'gordijn van onwetendheid' op dit identiteitsvraagstuk zouden toepassen. En dat we aldus hierover een standpunt moeten bepalen, zonder dat we weten of we zelf open staan voor spiritualiteit of niet. Rawls gebruikte dit criterium om aan te tonen dat mensen zonder dat ze zelf zouden weten of ze rijk of arm zijn, zouden kiezen voor verdelende rechtvaardigheid. Maar het criterium van het gordijn van onwetendheid slaat ook op het niet weten welke ideologische of filosofische overtuiging iemand heeft.

Dan zijn we vrij van vooroordelen om te denken en af te wegen wat we hier over denken. We kunnen kiezen vanuit wat hij zou noemen, een neutrale startpositie. Alleen, Rawls formuleerde na het 'gordijn van onwetendheid' in wat hij de startpositie noemt, een aantal fundamentele vrijheden zoals vrijheid van religie waar min of meer niet meer over te discussiëren valt. *De facto* zijn ze ook niet meer af te wegen t.o.v. andere waarden.

Wie dus een gemeenschapsdenker is en daar tegelijk ook de vrijheid van religie tegen wil afwegen, ontmoet met Rawls een probleem omdat de totale vrijheid van religie steeds zal doorwegen en als het ware onaantastbaar is.

Sandel is dan een betere vuurtoren omdat hij ervan uitgaat dat alle waarden en politieke posities in het leven aan een moreel oordeel onderworpen kunnen worden. Er zijn geen voorafnames. Dit werkt in twee richtingen. Ten eerste uit hij kritiek op de gemeenschapsdenkers omdat zij volgens hem te veel de gegeven waarden en normen als vast en onaantastbaar beschouwen. Ten tweede heeft hij veel kritiek op liberalen (in de Angelsaksische betekenis: *liberals)* omdat ze niet aanvaarden dat iemand argumenten in de publieke strijd werpt als morele argumenten. Het kan voor *liberals* wel dat morele argumenten gebruikt worden, maar het is irrelevant of ze moreel van aard zijn of niet.[10]

Laat ons daarom onbevreesd en ongebonden door morele voorafnames redeneren over het dragen van grote religieus zichtbare tekens. En focussen op de vraag wat het probleem dan werkelijk is. We spreken over situaties waar men het private verlaat en waarbij men zich begeeft op het publieke, sociale terrein. Het gaat ook over zichtbare religieuze tekens bij leken, niet over de clerus.

Natuurlijk is het dragen er van nog steeds een individuele

keuze maar er is duidelijk meer. Er is met name een zekere vorm van communicatie die plaatsvindt, men kan het een sociale activiteit noemen. Zoals John Stuart Mill in zijn boek *On Liberty* schreef: tot individualiteit behoort het deel waar het individu zijn interesse heeft, tot de samenleving het deel waar de samenleving haar interesse heeft.[11]

Maar ook het reageren op communicatie, zelfs in zijn zachtste vorm: advies geven, is onderhevig aan sociale controle.[12] Er is dus een scheidingslijn waar we het moeten over hebben. Zowel het dragen van een religieus teken als de reactie er op, is onderhevig aan sociale controle, aan een gesprek daarover.

De reden is dat wanneer men de vrijheid neemt tot een sociale activiteit, men steeds moet aanvaarden dat er iemand nagaat of zijn vrijheid niet geschaad wordt. Hier kan nu conceptueel op verschillende manieren op gereageerd worden, in woorden en in gedachten.

In principe zouden mensen dus wel kunnen beslissen om te reageren. Sommigen zullen zeggen dat ze 'gerechtigd' zijn om een reactie te overwegen. Of ze dit nu effectief doen hangt af van hun ingesteldheid over proportionaliteit, beleefdheid, redelijkheid, tolerantie en pseudo-tolerantie.

Iemand die zelf open staat voor spiritualiteit zal het niet gemakkelijk hebben religie met voetbal te vergelijken, ook al gaat het over sociale activiteiten die een stukje overlappen. Religie en spiritualiteit zijn voor hen in diverse gradaties heilig en het laatste wat ze gaan doen, is iemand in zijn ziel beledigen. Of zijn geloof ontheiligen.

Maar 'achter een gordijn van onwetendheid' en in het idee dat elk religieus principe moreel kan bekeken worden, is het moeilijk om parallellen uit te sluiten. Sommigen zullen dus het aandoen van een religieus zichtbaar teken vergelijken met het dragen van een sjaal van een voetbalploeg. Het is een teken dat men behoort tot een groep en een overtuiging heeft.

Iemand die vindt dat in de publieke ruimte geen religie thuis hoort, zal vanuit dat perspectief vinden dat het niet staat om een religieus gemotiveerd teken zichtbaar te dragen.

Over kleine aantallen zullen de meesten onder ons niet vallen. Er kan wel een sterk onbehagen zijn wanneer het over meer extreme tekens gaat. Maar kleine aantallen zijn, volledig op zichzelf beschouwd en zonder perspectief op sterke groei, bijdragen tot diversiteit.

Wanneer er een gezin in de wijk woont dat dag-in-dag-uit een sjaal aan heeft van de favoriete voetbalploeg, zal dit niet noodzakelijk veel tolerantie van de anderen vragen. Men heeft wel het recht om het te vinden zoals men het vindt, maar weinigen zullen hier op reageren. Of wanneer een enkeling op weg naar het werk, zijn sjaal en andere attributen aan heeft, zal dit weinigen verstoren. Men zal laten begaan, want morgen is er misschien iemand van de eigen ploeg die zich zo naar het werk zal begeven.

Of wanneer een voorzitter van een voetbalploeg elke dag met een sjaal rondtoert of een pin draagt in de favoriete kleuren, dan zal men daar geen groot probleem van maken. De veronderstelling is dat een vertegenwoordiger van de club, ook al stelt hij een sociale daad, gerechtigd is om dit te doen.

Tenzij iemand anders natuurlijk absoluut supporter is van een andere ploeg. Dan zal het in al deze gevallen wel ergens steken, maar niet velen zullen de reactie hebben om iets te roepen of een teken van ontevredenheid tonen.

Het idee dat iemand niet dezelfde voorkeur heeft, zal niet iedereen nopen tot een reactie. Immers, er is een wezenlijk verschil tussen voelen dat iemand een andere ploeg liever heeft en het feit zelf dat men toont dat men voor een andere ploeg is. In het eerste geval respecteert men meestal als reactie de mening van iemand anders, in het tweede geval, gezien iemand die mening publiek uit, zit men in het geval van een sociale activiteit en daar kan, afhankelijk van de omstandigheden, wel een reactie komen.

Er is, en dat is geen detail, ook nog de volgende complexiteit op te nemen. Weinig mensen zullen wellicht problemen hebben wanneer één gezin in een gemeente met religieus zichtbaar teken op straat komt en zo gaat winkelen. Het individuele zal overheersen en veel mensen zullen het zien als een bijdrage tot diversiteit. Een mooie bloem er bij, wie kan daar tegen zijn?

Wanneer er evenwel 30% van de vrouwen met een religieus en zichtbaar teken op straat lopen, dan gebeurt er volgens sommigen iets anders. Ze zullen zeggen dat er geen doctoraat in de sociologie nodig is om te beseffen dat we dan in het hoofdstuk van de architectuur van de samenleving beland zijn. En dat zal volgens hen wellicht niet in eerste instantie liggen aan het feit dat het om een religieuze communicatie gaat. Dit zou volgens hen evenzeer het geval zijn wanneer het om iets anders zou gaan.

Stel dat er in een klas van 20 leerlingen, 10 van de leerlingen om een onbekende reden, een kleine lieve rode bol zouden dragen. Zeker zitten we dan in de individuele vrijheid van elke leerling om dat te dragen. Maar we zitten ook in de sociologie. Er zijn op dat ogenblik nu eenmaal leerlingen die mét een bol rondlopen en leerlingen die niet met een bol rondlopen. De klas zou sociologisch gesplitst zijn. Het doel was om vrijheid te garanderen, dat is gelukt, maar de uitkomst is een visueel gesplitste klas.

Een situatie waarin een mens zich kan beheersen. Toen ik studeerde in de Verenigde Staten deden we eens een test. Onze sectie van 80 studenten werd ingedeeld in twee groepen. Een eerste groep werd de blauwe groep genoemd en werd verzocht plaats te nemen in een nabijgelegen aula. Een tweede groep werd de rode groep genoemd en mocht blijven zitten. Er waren verder geen instructies. Omdat er helemaal niets gebeurde, besloten we vanuit onze rode groep om een boodschapper uit te sturen naar de blauwe groep om te gaan vragen of zij eventueel opdrachten hadden ontvangen en hoe ze de situatie zagen. De boodschapper kwam terug en meldde dat ook zij geen instructies hadden. Na nog wat over en weer communicaties en een dertig minuten later, groeiden de groepen volledig uit elkaar en begonnen sommigen oordelen te uiten. De blauwen waren arrogant, de roden waren mistig in hun bedoelingen enzovoort. De sfeer verslechterde naarmate de uren verstreken. De les was duidelijk bij de debriefing: hoedt u voor vooroordelen en overstijg een toevallig opgekleefd etiket. Er is steeds een mens achter een vlag van een groep. Dit klopt en we moeten op onze hoede zijn voor veralgemeningen en vooroordelen.

Zoals Nobelprijswinnaar Kahneman op grootse wijze in zijn boek *Thinking, Fast and Slow* aantoont zitten onze denkwijzen vol met intuïtieve reacties die zeker niet steeds juist blijken te zijn.[13] We gaan lage waarschijnlijkheden hoog inschatten, ons focussen op bestaand bewijsmateriaal en zijn een beetje lui in het zoeken naar bijkomend bewijsmateriaal, we gaan denken dat iets juist is omdat het logisch gecommuniceerd wordt, we gaan ons meer focussen op verliezen dan op winnen. We zijn te snelle patronenzoekers en gaan gemakkelijk 'met de flow' wanneer we in een goede bui zijn of wanneer we ons machtig voelen en wanneer we sterk in onze eigen intuïtie geloven.

Dit betekent dat het bedje gespreid is voor te snelle beslissingen over andere mensen gebaseerd op denkpatronen die al heel lang in ons hoofd kunnen zitten. Die er uit zuiveren is een heel werk en moet ons nederig stemmen over onze capaciteit om rechtvaardig en zonder veralgemeningen te oordelen over individuen. Dit gaat in twee richtingen. We moeten zorgen dat we individuen niet meesleuren in een algemene statistiek over de groep en ook cijfers over een groep of subgroep blijven nauwkeurig analyseren.

Het delicate verschil tussen een individu en een groep is een wezenlijk verschil. En toch roept het vragen op. Immers, zoals bij het uitgangspunt beschreven, wanneer iets positief is, waarom zou méér van dat goede, slecht kunnen zijn? Wanneer een perzik lekker en gezond is, waarom zou dat anders zijn bij vier, of veertig, perziken?

Het is iets bijzonders bij deze zaak dat alles anders aanvoelt, naargelang het aantal. Maar wat voelen we dan precies en wie heeft recht op wat? Wanneer het voor sommigen een sympathiek en evident recht is van één moslima om mét religieus zichtbaar teken aan, naar de bakker te gaan. Waarom zou het dan minder een recht zijn wanneer 40% van de bevolking met religieus zichtbaar teken naar de bakker gaat? Of verminderen de rechten dan, wanneer men met meer procent van de bevolking is?

Of individuele rechten al dan niet lineair zijn, is een belangrijke vraag. Als je ze optelt, veranderen ze dan qua natuur? In principe zou het niet kunnen, toch voelt het voor sommigen zo aan.

Laat ons de set van waarden nemen die Rawls overhoudt na zijn gordijn van onwetendheid en die hij sociale grondwaarden noemt. Vrijheid van opinie, van religie, van vereniging, van beweging en beroepskeuze. Gelijke toegang tot macht en verantwoordelijke posities, inkomen en vermogen en de mogelijkheid om je zelfrespect te handhaven. En laten we daarbij nadenken of deze grondrechten al dan niet lineair zijn.

> Stel dat we Rawls' concept van een 'gordijn van onwetendheid' op dit identiteitsvraagstuk zouden toepassen.
>
> Sandel is dan een betere vuurtoren omdat hij ervan uitgaat dat alle waarden en politieke posities in het leven aan een moreel oordeel onderworpen kunnen worden. Er zijn geen voorafnames.
>
> Ze zullen zeggen dat er geen doctoraat in de sociologie nodig is om te beseffen dat we dan in het hoofdstuk van de architectuur van de samenleving beland zijn.

2.1 Welke waarden zijn lineair en welke niet?

Het merkwaardige is dat het er op lijkt dat heel veel waarden op een bepaald ogenblik afbuigen omdat men rekening moet houden met de vrijheden van andere mensen. De vrijheid van opinie stopt wanneer men haatdragende boodschappen verspreidt en mensen in hun identiteit raakt waardoor men schade aanricht. Bijvoorbeeld bij holocaust-ontkenning. De vrijheid van religie stopt wanneer men een schadelijke sekte creëert. De uitoefening van de vrijheid van vereniging stopt wanneer men een haatdragende organisatie is. De vrijheid van beweging stopt wanneer het over migratie gaat. De vrijheid van beroepskeuze is enigszins beperkt doordat men een diploma en of licentie nodig heeft om zich psycholoog te noemen. De gelijke toegang tot macht en verantwoordelijke posities stopt wanneer men geen onderdaan is.

Er bestaan zeker wel sociale grondwaarden die 100% lineair zijn. Bijvoorbeeld zorgen voor een racisme-vrije omgeving of de gelijkwaardigheid tussen man en vrouw respecteren. De beleving ervan kan nooit afbuigen. Het is niet omdat een grotere groep niet racistisch is, dat dit de vrijheid van een andere groep in problemen kan brengen. Het is niet omdat een grotere groep de gelijkwaardigheid tussen man en vrouw gaat respecteren, dat de vrijheid van iemand anders in het gedrang kan komen. Maar de vrijheid van religie is daar niet bij en we komen zeker in continentaal Europa daar nu reeds in tussen.

Laten we even terugkeren naar ons voetbalvoorbeeld. Indien alle supporters van AA Gent dagelijks naar hun werk zouden gaan met een op zich onschuldige supporter sjaal rond de hals, dan is het moeilijk om te argumenteren dat er sociologisch niets aan de hand zou zijn. Elk van de supporters zou haar individueel recht kunnen naar voor brengen om dit te doen, maar de optelsom daarvan zou bijzondere druk op de samenleving zetten. Je zou mogelijks een wij-zij verhouding krijgen van supporters en niet-supporters. De aanhangers van de andere clubs zouden zich schoorvoetend ook beginnen te manifesteren en voor het jaar ten einde is, zou je een gesplitste samenleving moeten vaststellen. De inclusieve samenleving die gemeenschapsdenkers nastreven zou verloren zijn.

Een oneerbiedige vergelijking, dat klopt. Enkel van achter een gordijn van onwetendheid kunnen sommigen de parallel met voetbal, en supporters maken. Maar ze geeft wellicht een indicatie in welke richting we sociologisch aan het evolueren zijn. De analyse van het fenomeen vergt meer onderzoek maar de richting is duidelijk. Individuele rechten zijn niet altijd lineair. Je kan individuele rechten niet altijd zomaar optellen; het hangt immers af van de situatie.

Wanneer de optelsom van de individuele rechten niet in het vaarwater komt van andere mensen, dan tellen ze lineair op. Het recht op veilig drinkwater is lineair. Wanneer veel mensen dat recht claimen, dan komt dit niet in aanvaring met andere rechten en kan je de rechten van individuele mensen optellen.

Wanneer ze wel in de buurt komen, dan moeten ze op een bepaald moment afgewogen worden en dan zijn ze niet meer lineair. Immers, het individuele recht van steeds meer mensen komt op een bepaald ogenblik op het terrein van een ander belangrijk principe. Dan is het een kwestie van afwegen en moreel een zo goed mogelijke keuze maken. Het is dan van belang om dit in alle vrijheid te kunnen doen. Want, wanneer sommige van die rechten absoluut zijn, volledig compromisloos en een voorafname op alle andere rechten, dan ontstaat er onterecht een hiërarchie van waarden. Dit kan in dat geval leiden tot een minder goede oplossing voor de samenleving.

Is het op grote schaal aandoen van een religieus symbool, een *paradigm shift*, het pad effenen voor een eiland in de vorm van een sub-samenleving? Indien dat zo is, dan zou het niet 100% in lijn zijn met de ambitie van zovelen om te komen tot een inclusieve en niet-verzuilde samenleving.

In de publieke ruimte is veel plaats voor religie en die moet er voor heel veel mensen altijd zijn. Weinigen zullen zich willen rekenen tot de mensen die zo ver zouden gaan dat ze de kerken zouden willen afbreken. Bijna niemand, tenzij een enkele extreem antireligieuze activist, zal elke verwijzing naar religie willen vermijden, dat zou voor de meeste mensen als niet redelijk aanzien worden.

Alleen is de vraag of het maatschappelijk wenselijk is dat grote groepen in onze samenleving zich in het dagelijkse leven visibel manifesteren volgens een religieuze breuklijn.

Wat is hiermee het probleem en wanneer buigt de curve af? Vanaf wanneer is er redelijkerwijze impact op de vrijheid van andere mensen? Wanneer zijn individuele rechten niet lineair en dus, wanneer kan je ze niet zomaar gaan optellen? En wat gebeurt er wanneer je dit wel doet?

Heeft dit alles te maken met tolerantie of is er meer aan de hand?

> **Het merkwaardige is dat het er op lijkt dat heel veel waarden op een bepaald ogenblik afbuigen omdat men rekening moet houden met de vrijheden van andere mensen.**
>
> **Indien alle supporters van AA Gent dagelijks naar hun werk zouden gaan met een op zich onschuldige supporterssjaal rond de hals, dan is het moeilijk om te argumenteren dat er sociologisch niets aan de hand zou zijn.**
>
> **Is het op grote schaal aandoen van een religieus symbool, een *paradigm shift*, het pad effenen voor een eiland in de vorm van een sub-samenleving?**

2.2 Over tolerantie en pseudo-tolerantie

Hoe komt het dat wanneer een individueel recht op vrijheid aanvoelt als verdedigbaar t.a.v. één persoon, dit minder het geval zou zijn wanneer het over meer personen gaat? Vanaf wanneer voelt men eigenlijk dat de eigen vrijheid in het gedrang komt en is het dan niet gepast om tolerant te zijn wanneer men voelt dat men in die situatie verkeert?

In deze casus zijn er dus twee betrokken groepen mensen. Diegenen die het religieus zichtbaar teken in casu dragen en diegenen die het niet dragen, maar die het wél ervaren.

Laat ons nu eerst het geval nemen van één persoon met een zichtbaar religieus teken in een wijk. Voor wie het religieus teken draagt, spelen verscheidene factoren.

Men is alleen en dus op één of andere manier een wat vreemde eend in de bijt. Er kan sociale druk zijn van mensen die het moeilijk hebben met diversiteit of met de vrijheid van religie. Daardoor zal de persoon die het draagt, zich mogelijks omsingeld voelen. Wie het zichtbaar religieus teken als enige draagt zal zich wellicht minder sterk voelen. Men zal zich zeer waarschijnlijk bekeken voelen en druk van de omliggende gemeenschap ervaren. Die druk kan zo hoog zijn dat we moeten spreken van druk tot uniformiseren. Tegen druk tot uniformiseren t.a.v. individuen in religieuze- en andere aangelegenheden is John Mill sterk opgekomen in zijn pleidooi voor de vrijheid van opinie en bovendien ook voor het uiten van die opinie.[14]

Het hangt er allemaal van af want nét doordat men alleen is, kan de druk best wel meevallen. Indien men als individu en drager van het religieus teken enkel beschouwd wordt als een mooie vorm van diversiteit, dan zal er misschien geen druk zijn, maar eerder aanmoediging. Men kan warmte voelen van mensen die Mill indachtig, veel respect hebben voor de individuele keuze en zelfs de moed van het individu. Sommigen zullen een zekere aanmoediging over hebben voor wat ze beschouwen als een vorm van heldhaftig gedrag.

Voor wie het religieus teken niet draagt maar ervaart, spelen ook diverse elementen.

De meeste personen zien één persoon en in principe zal men tolerant zijn. Men kan niet redelijkerwijze argumenteren dat één persoon de vrijheid van andere mensen in gevaar brengt. Eén persoon wordt gezien als diversiteit, een mooie bloem in de wei. Een moedige bloem die voor sommigen op steun kan rekenen zoals een rebel die tegen de stroom van de gevestigde waarden ingaat.

Het hangt er dus van af maar een minderheid van personen zal in die éne persoon toch een gevaar zien en wanneer men het niet zo begrepen heeft op diversiteit, zal men beginnen reageren. De druk tot uniformiseren zal beginnen. Ook John Mill argumenteerde dat wie een sociale activiteit doet, zich in principe kan verwachten aan sociale controle, in dit geval een communicatie. Maar tussen een zachte communicatie en echte ontradings- of uniformeringsdruk ligt natuurlijk een wereld van verschil.

Wanneer het om één persoon of één gezin gaat, dan kan je in een inclusieve samenleving verwachten dat iemand tolerant is en niets zegt. Het communitaristisch of gemeenschapsdenken impliceert niet dat er geen plaats is voor diversiteit, voor heel velen eerder het tegendeel. Ze zien diversiteit als één van de hoekstenen van een geslaagde samenleving.

Dit is nog iets anders dan dat iedereen het echt leuk vindt. Wellicht vinden veel mensen in de wijk het niet leuk dat zelfs één gezin religieus zichtbare tekens draagt. Ze vinden misschien dat het een vorm is van zich onnodig en expliciet onderscheiden van de rest van de wijk, maar ze verdragen het wel en zeggen niets. Ze maken als gemeenschapsaanhanger een afweging tussen iets wat ze niet leuk vinden en een belangrijk principe in elke gemeenschap en dat is tolerant en redelijk zijn.

Ze vinden dat ze het onbehagen van het zien van een groot religieus teken, moeten overwinnen. Ze moeten er zich als het ware overzetten. Dat is ook wat de goegemeente in een communitaristische samenleving vraagt: "zet je over je onbehagen, het is niet zo erg, het is een deel van diversiteit".

En diversiteit is één van de pijlers van goed draaiende samenleving. Dit lijkt een te verdedigen houding, voor een individueel geval, ook al verlaat zelfs dat ene gezin het private door op straat aan religieuze communicatie te doen. Hun actie is echter een sociale actie, en daarom zou het ook in dat geval te verantwoorden zijn dat iemand een (tegen)reactie geeft. Maar meestal wordt het aangevoeld als een betere houding om niets te zeggen, een houding van tolerantie wordt hier als gepast, beleefd en normaal aangevoeld.

Maar het wordt misschien anders wanneer bijvoorbeeld meer dan 10% van de wijk een religieus zichtbaar teken draagt. We zitten ook hier in de sociale actie maar door de grotere schaal, is er iets bijkomends op te merken. En op zich is dat een interessant fenomeen. Op een bepaald keerpunt gaat het begrip voor individuele vrijheid soms over in onbegrip over collectieve vrijheid. Terwijl de collectieve vrijheid niets anders is dan de optelsom van de individuele vrijheden.

Er zit volgens sommigen ook een soort utilitaristische insteek in. Daarbij zoekt men naar het grootste geluk voor zoveel mogelijk mensen. Wanneer het behagen van een aantal mensen groter is dan het onbehagen van een ander aantal mensen, dan is het moreel goed. Aan beide zijden van de vergelijking zou men dan moeten vermenigvuldigen met het aantal mensen. Wanneer meer en meer mensen een groot religieus teken aanhebben, vergroot dit het onbehagen van de mensen die geen tekens willen zien. Maar tegelijkertijd vergroot ook de groep die wel een teken aanheeft. Er zou een Excel spreadsheet aan te pas komen om hier duidelijke uitkomsten te zien, dit zou ons vandaag te ver leiden. Het keerpunt is moeilijk mathematisch uit te drukken, maar komt wellicht wanneer mensen in de wijk voelen dat de zichtbaar religieuze tekens de wijk splitsen. Wanneer mensen die een morele band hebben met een gemeenschap voelen dat de gemeenschap splijt, dan voelen ze dit aan als een inbreuk op hun ambitie om een morele band te behouden met de ganse gemeenschap. Ze zijn niet meer vrij om iedereen te omarmen. Ze proberen dit wellicht wel maar het is niet geloofwaardig omdat indien de waarden fundamenteel botsen met de waarden waar hun eigen communitarisme is op gebouwd, het een hypocriete situatie zou worden.

Ook in die situatie zullen mensen vaak niets zeggen. Indien ze niets zeggen, zijn ze wat men noemt pseudo-tolerant.[15] Ze zeggen niets, ze lijken tolerant, maar eigenlijk is het omdat ze niet durven of omdat ze vinden dat ze er geen belang bij hebben om iets te zeggen. Vaak is men dan onverschillig maar andere keren in wezen niet akkoord met de gang van zaken. Ze zijn niet akkoord omdat hun wijk verzeilt in een wij-versus-zij situatie waardoor hun vrijheid afneemt. De inclusieve samenleving met als basisprincipe in vrijheid samenleven is aan het wegdrijven.

Het is een delicaat argument om er voor te pleiten dat de vrijheid van mensen in zekere mate afneemt wanneer een grotere minderheid in de samenleving zich zichtbaar en religieus uit. Immers, waarom neemt de vrijheid af indien iedereen zich in vrijheid kan uiten. Indien iedereen zich aan de regel houdt, wat is dan het probleem?

Een correcte vraag die niet gemakkelijk kan beantwoord worden. Het antwoord is immers tweeledig. Er is een eerste niveau waarbij men inderdaad kan toegeven dat de vrijheid van religie intact wordt gehouden indien iedereen zich aan de regels houdt.

Een tweede niveau van antwoord is echter dat de vrijheid van iedereen die zich gemeenschapsaanhanger voelt, vermindert. Dit komt omdat indien hij er voor kiest om een andere gemeenschap die zich uit rond waarden die de zijne niet zijn, toch te omarmen, hij dit op een ander en lager niveau moet doen dan hij zou willen. Doordat de waarden de zijne niet zijn, is hij verplicht toch nog ergens een gemeenschappelijke sokkel te zoeken waardoor hij formeel en gevoelsmatig van één gemeenschap kan spreken. Hij kan dit zoeken in het respecteren van de wet of in een soort burgerschap dat in de Franse revolutie naar voor is gekomen. Dit is een zo minimale hoogte van sokkel van gemeenschappelijke waarden die nog wel in *liberal* en Angelsaksische maatschappijbeelden ideologisch leefbaar is, maar in het klassieke continentaal Europese idee van gemeenschap moeilijk inpasbaar is. De gemeenschap zoals wij die tot nu toe hier gekend hebben, gaat er dan aan.

Het beeld begint dus duidelijker en duidelijker te worden. Wanneer een minderheid groter wordt en een set van waarden heeft die fundamenteel anders is, heeft het gemeenschapsdenkende individu weinig keuze. Hij wordt als het ware gedwongen tot ofwel tolerantie ofwel tot het overschakelen naar een lichtere vorm van gemeenschap denken en wordt geduwd in een richting waar van een morele band anders dan via de wet of via een *liberal* burgerschap weinig sprake is.

Er blijft dan nog steeds een set van waarden over die voor Rawls en voor de meesten onder ons absoluut belangrijk zijn: vrijheid van opinie, van religie, van vereniging, van beweging en beroepskeuze. Gelijke toegang tot macht en verantwoordelijke posities, inkomen en vermogen en de mogelijkheid om je zelfrespect te handhaven. Geen weldenkende gemeenschapsaanhanger kan tegen één van deze waarden zijn. Ze kunnen zeker dienen als pijlers van een morele samenleving.

Maar er is ook een belangrijk nadeel aan deze zienswijze. Wanneer een belangrijke minderheid volgens een waardenset leeft die weliswaar formeel compatibel is met de wet en met het *liberal* burgerschap dan heeft die nog belangrijke vrijheidsgraden. In een vrije maatschappij wordt gelukkig niet alles via de wet geregeld. Sommige zaken gaan gelukkig verder dan enkel het respecteren van de wet.

De waarden en normen die, *beyond-the-law*, bovenop de wet komen, kunnen dus van sub-gemeenschap tot sub-gemeenschap enorm verschillen. Wanneer die minderheidsgroepen sterk groeien, dan bepalen ze in belangrijke mate het uiteindelijke aangezicht van de samenleving.

In een *liberal* democratie is daar alle ruimte voor. Men gaat in zo een 'democratie van de vrijheid' niet oordelen over de waarden en normen van andere mensen die vaak geïnspireerd zijn door eeuwenoude morele tradities, sociale normen en religieuze teksten. Er is geen moreel debat over de morele waarden en over de concrete toepassing er van. Een minderheid die steeds groter wordt, heeft dus een boulevard van vrijheden door enerzijds de wet concreet toe te passen en anderzijds via een aparte set van waarden en normen de samenleving fundamenteel te beïnvloeden.

Wie het niet eens is met die aparte set van waarden en normen heeft het in een *liberal* maatschappij moeilijk om daarover een op morele argumenten gebaseerd debat te voeren. Want hoe gaat iemand een op de wet gebaseerd debat voeren over het al dan niet gaan werken van de vrouw, over het al dan niet dansen op muziek, over het al dan niet een hand geven aan een vrouw? Dit allemaal wettelijk verplichten is inderdaad onmogelijk.

Een moreel debat over een set van waarden die de architectuur van onze samenleving bepaalt, dringt zich dus op.

> Eén persoon wordt gezien als diversiteit, een mooie bloem in de wei.
>
> Ze zeggen niets, ze lijken tolerant, maar eigenlijk is het omdat ze niet durven of omdat ze vinden dat ze er geen belang bij hebben om iets te zeggen.
>
> Hij wordt als het ware gedwongen tot ofwel tolerantie ofwel tot het overschakelen naar een lichtere vorm van gemeenschapsdenken.

2.3 Over de Nacht van Jabbeke.

Wanneer is iemand een goed burger? Velen zullen die vraag beantwoorden met eerst te zeggen dat men de wetten van het land waar men woont, moet respecteren. Dus, wie nog nooit de wet heeft overtreden, nog nooit een verkeersboete heeft gehad, nog nooit een snelheidsboete, nog nooit zelfs maar ondervraagd is op een politiekantoor, voldoet aan alle fiscale en sociale wetten en alle mogelijke grondwetsartikelen, die persoon verdient minstens het voordeel van de twijfel. Die persoon kan moeilijk slecht burgerschap worden verweten. In elk geval zal men het gevoel hebben dat die persoon een noodzakelijke voorwaarde heeft vervuld tot goed burgerschap.

Toch zullen anderen antwoorden dat het echt niet genoeg is om de wet te volgen. Ze zullen pleiten dat met het volgen van de wet enkel een noodzakelijke voorwaarde is ingevuld maar dat dit nog geen voldoende voorwaarde is. Je wordt volgens hen naast rechten 'ook te weten dat je plichten hebt'.

Wat kunnen die plichten dan zijn wanneer je al heel uitvoerig de wet respecteert? Tot wat kan je dan verplicht worden wanneer je de wetten nauwgezet volgt? Wat is het probleem?

Men zou bijvoorbeeld kunnen wijzen op het belang dat de gelijkheid tussen man en vrouw moet gerespecteerd worden. Maar is die ook niet vervat in allerlei wetsartikelen en decreten en koninklijke besluiten, of zelfs internationale verdragen? Er is toch ook een grondwet en wie daar op welke manier ook een overtreding tegen begaat, zal dan toch bestraft worden?

Of bestaan er echt verplichtingen die verder gaan dan wat de wet voorschrijft? Ze kunnen zo aangevoeld worden maar laat ons ons concentreren op de vraag: kunnen het letterlijk gesproken, *verplichtingen* zijn? Wanneer iemand, Rousseau volgend, een sociaal contract[16] afsluit t.a.v. de gemeenschap, liggen de verplichtingen dan niet vervat in de wetten die het parlement uitvaardigt? Ben je dan voor de rest niet vrij?

Toen ik burgemeester was, kwamen we op het idee om 'de Nacht van Jabbeke' te organiseren. In het landelijke en anders stille dorp dachten we dat het goed zou zijn om één maal per jaar een echt dorpsgebeuren in de vorm van een concert en een fuif te organiseren om de banden in de samenleving aan te halen. Het werd een groot succes met duizenden deelnemers.

Ook dit jaar ging het gebeuren weer door en in een vriendelijk briefje aan de buren en inwoners wordt uitgelegd wat de bedoeling is. Er was weer heel wat volk op de been. Doordat er zoveel volk bijeen was uit één dorp, had je het gevoel dat het ganse dorp aanwezig was. Rang of stand telt er niet en het samenhorigheidsgevoel was er groot. Niet iedereen was er natuurlijk en niemand was verplicht om te komen. Er zijn ook andere manieren om het gemeenschap denken te ondersteunen.

De Nacht van Jabbeke was van in het begin een groot succes. De plaatselijke verenigingen brachten heel wat vrijwilligers mee. Die vrijwilligers die allen een (morele) band met hun vereniging hadden, werden opgetrommeld ten voordele van hun vereniging. De winst van de Nacht van Jabbeke werd verdeeld over alle verenigingen die vrijwilligers meegebracht hadden. Op de eerste nacht waren er aparte stalletjes voor drank per vereniging en elke vereniging mocht de opbrengst houden.

Toen in de latere edities de Nacht van Jabbeke werd omgevormd tot een event van de gemeente, was de respons veel kleiner. Het werd moeilijker om aan vrijwilligers te geraken en ook de toeloop werd kleiner. Even werd er zelfs gevreesd dat de nacht aan zijn laatste editie toe was. Wat kon er nu gebeurd zijn? Er werd aan de affiche met vedetten getwijfeld of aan de grootte van de tent of was men het gewoon beu?

Sommigen zeiden dat er toch wel veel veranderd was. In de eerste edities had men veel vrijwilligers omdat de opbrengst voor de verenigingen was. In de latere edities ging de opbrengst terug naar de gemeente die eerst goed geïnvesteerd had in de organisatie. Maar wat kan het verschil zijn, we spreken toch over dezelfde inwoners van dezelfde gemeente?

Waarom is het dat vrijwilligers meer willen doen voor een vereniging dan voor de gemeente? En willen ze altijd meer doen voor een vereniging dan voor een gemeente? Wellicht niet, het hangt er van af. Indien ze een grotere band met de gemeente hebben dan met een vereniging dan willen ze zeker meer doen voor de gemeente. De argumenten die dan spelen zijn dat de gemeente meer overstijgend is, neutraler, meer het algemeen belang dienend dan het belang van bijvoorbeeld een sportvereniging.

Maar over het algemeen zullen vrijwilligers meer willen doen voor de eigen vereniging. Sommigen betogen daarbij dat de gemeente toch budget genoeg heeft. Of dat de gemeente werknemers heeft voor wie men geen concurrentie wil zijn. Toch lijkt de morele band met een vereniging groter dan die met het gemeentebestuur. Dat lijkt ook het probleem van Rousseau's concept. Burgers zullen over het algemeen wel goed begrijpen dat ze de wet moeten volgen en dit ook doen, maar voor wat ze extra doen, daar moet er een extra morele band voor zijn. Die extra morele band vinden burgers ook anno 2017 in een soort veilige nesten waar hun waarden overeen komen met die van het eigen nest. Het is dus ook begrijpelijk dat mensen een vorm van geborgenheid zoeken die niet noodzakelijk die van het burgerschap van de gemeente of het land is.

Ook warme nesten waar spirituele waarden belangrijk zijn, moeten voor velen toegelaten worden. Voor hen moet het mogelijk zijn dat ziekenhuizen, scholen en verenigingen, zelfs wanneer ze met collectief geld gesubsidieerd worden, hun eigen waardengedreven project hebben. Ze betogen dat de optelsom van al deze initiatieven er voor zorgt dat de morele en spirituele energie van een natie groter wordt. Ook zijn deze projecten vaak gedreven door vrijwilligerswerk. Anderen gaan nog verder en zien hier de argumenten in voor de verdediging van de verzuilde samenleving. Het verschil tussen een verzuilde samenleving en een gesplitste samenleving is volgens hen dat de gemeenschappelijke waarden in een verzuilde samenleving nog steeds voldoende groot zijn om echt van een samenleving te spreken. Wanneer spiritueel geïnspireerde projecten overheidsgeld krijgen moeten we er van uit gaan dat men bedoelt dat deze projecten principieel toegankelijk moeten zijn voor iedereen die hun waardengebaseerd project wil volgen.

Wanneer Rousseau voorstelt dat de mensen een sociaal contract afsluiten, zeker zijn van een aantal basisrechten en voor de rest het democratisch proces ondergaan, dan is hij volgens velen te optimistisch over het enthousiasme dat dit teweeg kan brengen. Immers, wanneer er een regeringsmeerderheid is die lijnrecht ingaat tegen de ideeën van een individu, dan kan je niet van dat individu verwachten dat hij enthousiast blijft over zijn staat. Stel dat er tot vijf keer toe een meerderheid is die de sociale zekerheid uitholt, hoe kan die burger dan opgetogen blijven over zijn land of zijn staat? Zal hij dan blijven houden van de grondwet alhoewel de wetten van het volk gestemd door een voor hem vijandig parlement hem het leven zuur maken? Wellicht zoekt hij dan een veilig nest, een vereniging of een politieke partij waar hij zijn engagement wél kan vieren. Een referentiegemeenschap waar hij een sterke morele band mee heeft. Dankzij zijn engagement daar, kan hij toch indirect zijn land dienen. Omdat de optelsom van al die spontane engagementen die wel gericht zijn op die gemeenschap waar hij bewust lid van is, de gemeenschap als geheel dient.

Laat ons even terug gaan naar de Nacht van Jabbeke. Door zich hard in te zetten voor de voetbalvereniging kan een inwoner van Jabbeke die vereniging steunen en daardoor steunt hij de samenleving van Jabbeke. Een geslaagd feest ligt binnen handbereik.

Het pleidooi tegen sub-samenlevingen mag daarom nooit begrepen worden in de zin dat alles naar de staat moet. Wanneer alles naar de staat moet, verschrompelt het engagement op het ogenblik dat de morele band met de staat kleiner is. En doordat de democratie in een staat gelukkig werkt met afwisselende meerderheden, zal iedereen op een bepaald ogenblik in zijn leven diep ontgoocheld zijn over de regering en dus over de staat. Op dat moment wordt het tekort van een band met de staat vaak opgevuld door één of andere vorm van nationalisme. Dit lijkt niet onmiddellijk een goed alternatief.

Het is daarom voor velen nodig dat er warme nesten kunnen bestaan waar de waarden van de leden beter overeen komen met de waarden van die nesten. Ze balanceren het meedogenloze van een staat die met een meerderheid van de bevolking een bepaalde richting uitgaat. Zelfs zonder dat een land een dictatuur van de meerderheid is, kan het reeds heel veel mensen heel diep ontgoochelen. Dat fenomeen moet gebalanceerd worden door geëngageerde projecten toe te laten en zelfs te subsidiëren. In het geval er dus een meerderheid zou zijn die vergeet dat de ideeën van de minderheid ook moeten in het oog gehouden worden, is er een tegengewicht.

De kunst bestaat er dus volgens velen in om goed af te punten wat het verschil is tussen een waardengedreven project en een sub-samenleving.

Een samenleving die nog steeds echt samenleving kan genoemd worden, kan nog steeds overleven en zelfs opbloeien wanneer ze veel geëngageerde projecten bevat maar zeker niet wanneer ze de optelsom is van sub-samenlevingen.

De ochtend na de Nacht van Jabbeke is er traditioneel een rommelmarkt en één van de standhouders vertelde me dat ze er was 'niet om te verkopen maar om de gemeenschap te steunen'. Ze voegde er aan toe dat ze zo ook dacht 'haar hemel te verdienen'. Het viel me op dat haar engagement een sterke morele en zelfs spirituele dimensie had. Haar referentiegemeenschap was natuurlijk voor een stuk de gemeente Jabbeke maar de echte reden voor het engagement was dan toch nog elders gelegen.

Zo lijkt het dat mensen die een vrijwillig engagement opnemen dat voorbij de wet gaat, dit doen omdat ze een morele band hebben met de gemeenschap voor wie ze dit doen. Wie is de gemeenschap met wie ze die band hebben, die referentiegemeenschap? Gezien de band ook (vaak) spiritueel van aard is, kan het niet anders dan dat de referentiegemeenschap niet steeds dezelfde is. Ze zal in veel gevallen afhangen van de culturele en religieuze achtergrond van de mensen. Nog voor anderen zal de morele band puur het burgerlijke dorp zijn, los van spiritualiteit. Ook daar kan en zal met dezelfde spontaneïteit veel engagement worden opgenomen. Indien de referentiegemeenschappen op gespannen voet leven met elkaar, kan het niet anders dan dat we evolueren richting een gesplitste samenleving. Een samenleving die gebaseerd is op de al-dan-niet-verre religieuze aanhorigheid van de betreffende burgers. Dit kan niet goed aflopen wanneer die religieuze aanhorigheid dan dag-in-dag-uit gecommuniceerd wordt. Men zal als het ware de verschillen in de verf zetten.

Het communitarisme gaat er van uit dat we zoeken naar wat we '*commun*', gemeenschappelijk hebben. De verschillen moeten wat vergeten worden, het gelijke wordt gezocht en benadrukt. Op de Nacht van Jabbeke is het belangrijk om te voelen dat we dezelfde zijn, niet waar we anders zijn. Dit is het ganse idee.

Het communiceren van religieuze tekens heeft tot doel het gemeenschappelijke binnen de religie te benadrukken. En sommigen zullen daaraan toevoegen: de communicatie heeft eveneens tot doel de verschillen t.o.v. de niet-leden te benadrukken. Het is daarom voor velen duidelijk dat het in grotere groep communiceren van grote religieuze tekens haaks staat op gemeenschapsvorming in de definitie van gemeenschapsvorming van het ganse dorp.

> Wanneer is iemand een goed burger? Velen zullen die vraag beantwoorden met eerst te zeggen dat men de wetten van het land waar men woont, moet respecteren.
>
> Het is daarom voor velen nodig dat er warme nesten kunnen bestaan waar de waarden van de leden beter overeen komen met de waarden van die nesten.
>
> Haar referentiegemeenschap was natuurlijk voor een stuk de gemeente Jabbeke maar de echte reden voor het engagement was dan toch nog elders gelegen.

2.4 Wanneer splijt de samenleving?

De samenleving splijt wanneer men redelijkerwijs niet meer in staat is om de ganse samenleving moreel te omarmen. Een samenleving volledig kunnen omarmen is een vrijheid die een absolute vrijheid zou moeten zijn. Wanneer is die in gevaar?

De vrijheid om de ganse samenleving moreel te kunnen omarmen, kan op twee manieren in gevaar komen. Op sociaal en economisch vlak wanneer de verschillen tussen de mensen te groot worden. We spreken hier dus niet over het garanderen van een minimum niveau aan welvaart maar wel degelijk over de socio-economische verschillen.

Op moreel vlak gaat het dan over de fase wanneer de verschillen tussen de mensen te groot worden. Ook hier gaat het niet over het garanderen van een minimumsokkel van gemeenschappelijke waarden maar wel degelijk over de al dan niet te grote verschillen. Men zou kunnen zeggen, dat het ook over de standaarddeviatie gaat t.o.v. het gemiddelde. Wat we niet willen zijn te grote extremen in grote hoeveelheden.

Natuurlijk is er ruimte voor diversiteit. Mill volgend moet er ruimte zijn voor individualisme, het op persoonlijke wijze afwijken van sociale normen. Dit zolang men de vrijheid van anderen niet in het gedrang brengt.

Maar wanneer het over groepen gaat, zitten we in een debat over de architectuur van de samenleving. Op basis van welke plannen gaan we onze samenleving vorm geven? Het is niet omdat er sociaal en economisch geen al te grote verschillen zouden moeten zijn, dat we vinden dat er op waardenvlak geen al te grote verschillen kunnen zijn. Dit zijn twee aparte dimensies waar mensen een andere kijk op kunnen hebben. Het gaat dus over een twee bij twee matrix.

Bij grote verschillen op sociaal economisch vlak of op het vlak van de waarden en normen, splijt de samenleving.

Hoe vermijdt een samenleving dat ze in stukken uiteen valt? Dit kan ze op verschillende manieren doen maar het komt er op neer dat men de gemeenschappelijke delen benadrukt en te grote verschillen van te grote groepen t.a.v. het gemiddelde onder controle brengt. Net zoals men sociaaleconomisch er voor zorgt dat te grote verschillen geen splijtende werking op de samenleving hebben.

Men zoekt dus ook als het ware manieren om te mengen. Bij het spontane mengen van de samenleving, zal de standaarddeviatie, de gemiddelde afwijking t.o.v. het gemiddelde van de samenleving dalen en het samenleven in de samenleving zal gemakkelijker worden. Wanneer men het mengen niet toelaat, bijvoorbeeld door uitsluiting of door zelf-segregatie, zal de standaarddeviatie in de samenleving stijgen.

Het gaat voor alle duidelijkheid niet om *verplichting tot mengen* maar wel om de omstandigheden in stand te houden die tot spontaan mengen kunnen leiden.

Men wil in alle geval vermijden dat de mensen in een samenleving moeten kiezen tussen twee kampen. Want dit is net wat terroristen willen, ze lokken een massale emotie uit door een aanslag in de hoop dat de samenleving polariseert en dat ze uiteen valt in twee of meer kampen.

In de ontmoeting met andere mensen zal men tot een beter resultaat komen doordat opinies en achtergronden gemengd worden. Daarbij mogen er geen taboes zijn en mag niemand monddood gemaakt worden. Dit is nu net het betoog van Mill, zelfs één enkel individu kan met een briljant idee de gemeenschap vooruit helpen, dus is het heel onverstandig om individuen het zwijgen op te leggen.

Wie is tegen het spontane, bijna biologische mengen in de samenleving? Dit zijn de extremisten die een agenda hebben van puurheid. Een biologisch proces is een willekeurig proces van *trial and error*.[17] Extremisten hebben een doel en willen niet dat dit afhankelijk wordt van toeval. Ze willen niet dat hun levensbeschouwelijk project vermengd wordt met invloeden die ze als inferieur beschouwen. Ze gaan anderen uitsluiten of doen aan zelfuitsluiting. Ze isoleren zich als het ware van de rest van de samenleving. Ze reduceren het aantal ontmoetingen met de anderen tot het absolute minimum. Een ontmoeting die leidt tot een gemengd huwelijk is voor hen een potentieel probleem. Het paradoxale is dat aanhangers van orthodoxe religies en aanhangers van wat we *nationalisme* noemen, hierover dezelfde visie hebben. Ze hebben niet graag dat hun levensbeschouwelijk project verslapt door het te mengen met invloeden die men minder goed vindt.

Ontmoetingen voeden nochtans de samenleving, dit weet elke gemeenschapsdenker. Die ontmoeting gebeurt het best zonder voorafnames. Rawls wou van achter een gordijn van onwetendheid tot een goed moreel standpunt over distributieve en andere rechtvaardigheid komen. Wanneer men niet weet of men zelf rijk of arm is, dan heeft men een grotere kans om vanuit wat hij noemt een oorspronkelijke positie te oordelen. Dit moet een neutraal standpunt bevorderen.

Wanneer het nodig is om te oordelen zonder weet over een eigen positie dan is het ook nodig om te oordelen over iemand anders alsof men niet weet wat de andere persoon denkt.

Dit heeft altijd iets kunstmatig. Want wie kan nu doen alsof hij niet weet of hij zelf arm of rijk is. Wie kan nu oordelen en beweren dat men in alle rede niet weet of iemand anders rijk of arm is. Het is een hele opgave maar in alle geval zijn we het eens dat we een inspanning in die richting moeten doen.

Hetzelfde geldt voor onze ontmoeting met een ander. Ten eerste is er de vraag of we mogen oordelen over de waarden en normen van iemand anders. Dit is een klassiek debat tussen *liberals* en niet-*liberals*. Indien we het er over eens zijn dat we mogen oordelen, dan komt er de vraag hoe we dit dan moeten doen.

Stel dat we naar analogie met Rawls willen oordelen van achter een gordijn van onwetendheid. Hoe doen we dat dan wanneer iemand een zichtbaar religieus teken aan heeft?

Zoals Daniel Kahneman schrijft[18], zijn er sterke sociale normen die moeten vermijden dat we vooroordelen hebben over mensen wanneer het gaat over aanwerven of over *profiling*. Deze zaken zijn ook vaak verwerkt in de wet en maar goed ook.

Maar je kan moeilijk vermijden dat iemand een moreel oordeel heeft over een ander persoon wanneer die een religieus zichtbaar teken aan heeft. Immers, het teken vertegenwoordigt nu net een set van waarden en normen. Het dragen van dat teken is nu net de uiting er van. Natuurlijk kent men de intensiteit of de stroming van het supporteren voor dat teken niet. Maar het geeft in alle redelijkheid in elk geval een sterke indicatie er van. Dit kan men nu zoals gezegd aanvaarden of tolereren of pseudo-tolereren. Maar er is in elk geval een communicatie. Wanneer die communicatie publiek is, dan zou Mill spreken van een sociale activiteit waar iemand een reactie zou kunnen op geven.

Het vergt dus een zekere inspanning van iemand om niet te oordelen. Of om te oordelen van achter een gordijn van onwetendheid. Dit kan gebeuren vanuit beleefdheid en verdraagzaamheid maar in rede is het niet uitgesloten dat mensen geremd zijn om te mengen. Om hun standpunt samen te leggen met dat van anderen. Natuurlijk kan men dan zeggen dat men zich 'er over moet zetten'. Dat de set van waarden die gecommuniceerd wordt niet van doorslaggevend belang kan zijn voor de ontmoeting met de andere en voor de samenhang in de samenleving. Dit hangt natuurlijk af van de afstand die men voelt tot die andere set van waarden.

Indien blijkt dat die te ver af staat, dan kan men de ganse samenleving niet meer in rede en in emotie omarmen. Dit vermindert de vrijheid en is daarom te verwerpen.

Net zoals men op sociaal en economisch vlak inspanningen kan leveren om te doen alsof men de verschillen niet ziet, niet voelt of dat men zich er over moet zetten. Maar van achter een gordijn van onwetendheid moet men zeggen wat men denkt. Een samenleving kan niet in rede een samenleving genoemd worden indien de verschillen te groot zijn. Te grote verschillen splijten de samenleving en elke gemeenschapsdenker heeft daar een groot probleem mee. Je duwt de waarden naar beneden tot het niveau van: de wet gehoorzamen. Het uiterste puntje van het communitarisme. Wanneer het gemeenschapsgevoel gereduceerd is tot het volgen van de wet, dan kan je enkel in naam nog spreken van een gemeenschap.

> De samenleving splijt wanneer men redelijkerwijs niet meer in staat is om de ganse samenleving moreel te omarmen.
>
> Maar wanneer het over groepen gaat, zitten we in een debat over de architectuur van de samenleving.
>
> Wie is tegen het spontane, bijna biologische mengen in de samenleving? Dit zijn de extremisten die een agenda hebben van puurheid.

> Maar je kan moeilijk vermijden dat iemand een moreel oordeel heeft over een ander persoon wanneer die een religieus zichtbaar teken aan heeft.

2.5 Als religie een samenleving samenhoudt, is het dan zo dat twee religies een samenleving splitsen?

In het verleden werd een samenleving vaak samengehouden omdat er één set van waarden was die verre religieuze wortels had. De vraag is nu: indien een samenleving samengehouden wordt door één religie, wordt ze dan automatisch gesplitst wanneer er twee religies zijn?

Dit brengt ons bij de vraag van de rol van religie in de samenleving. Een religie kan zeker een volk een ziel geven. Edmund Burke pleit hier hartstochtelijk voor in zijn essay *Reflections on The Revolution in France and other writings*. Hij ziet in 1790 religie als het cement van de samenleving.[19] Dankzij religie is er een echte natie en zijn er waarden die gedeeld worden. In zijn pleidooi verdedigt hij ook dat een katholieke koning aan de kant wordt gezet voor een protestantse.[20] Het doel is de ziel van de natie te behouden en dat doel heiligt heel wat middelen.

In veel meer afgeleide vorm zijn er heel wat naties en subnaties die een sterk gemeenschappelijk gevoel ten toon spreiden. Vaak zijn die religieus geïnspireerd maar sterk geseculariseerd. De religieuze waarden zijn als het ware opgegaan in volkse waarden maar de inspiratie is nog aanwezig. Het gemeenschappelijk gevoel heeft een sterk inclusief karakter. Dit zowel op identiteits- als op sociaal en economisch vlak. Beieren is zo een voorbeeld en tot zekere hoogte bij ons ook Vlaanderen. Het zijn regio's of naties die het vaak ook economisch bijzonder goed doen. Ze danken hun succes o.a. aan gedreven scholen die gemeenschapsdenken hoog in het vaandel voeren, gebaseerd op een sterke morele inspiratie die verder gaat dan enkel het volgen van de wet.

Er valt dus zeker wat voor te zeggen en zolang het gemeenschappelijk gevoel niet negatief t.a.v. buitenstaanders is geformuleerd, kan het bij heel wat mensen sympathie wegdragen.

Een samenleving kan zoals betoogd slechts functioneren wanneer er een aantal gemeenschappelijke waarden zijn. De vraag is dan hoe dik of breed die sokkel van gedeelde beginselen is. Is het enkel het respecteren van de wet? Vorig jaar ging ik in Brugge dineren met goede Pakistaanse vrienden die in de VS wonen. Het gesprek ging al snel over migratie en integratie. Voor hen was het heel duidelijk. Zolang men de wet respecteert, is men als burger in orde. Het concept van gemeenschappelijke waarden en integratie zei hen niets. Indien een grote groep Frans zou beginnen praten in Brugge dan zou het de verantwoordelijkheid van de ouders zijn om hun kinderen Frans aan te leren. Je moet je aanpassen aan je omgeving en de wet volgen. Het respecteren van de wet is voldoende en voor de rest is men vrij.

Anderen zullen taal, werk en gemeenschapszin opwerpen als minimale gemeenschappelijke waarden. Ze vinden het zelfs strikt naleven van de wet te weinig als gemeenschappelijke waarden. Nog anderen vinden 'de lokale waarden en normen overnemen' het minimum. Die lokale waarden en normen zijn vaak van oudsher religieus geïnspireerd. In overwegend katholieke landen zullen ze katholiek geïnspireerd zijn. In overwegend protestantse landen, zullen ze protestants geïnspireerd zijn. Zeker, religie kan een land of een natie samenhouden.

Maar wat gebeurt er wanneer er een tweede opkomende religie is. Is het dan zo dat als religie een samenleving samen houdt, twee religies de samenleving splitsen?

Sommigen zullen beweren dat er minstens een risico daartoe is. Immers de lokale waarden die afgeleid geïnspireerd zijn door een religie zullen botsen met de waarden die gebaseerd zijn op de andere religie. In die zin is het een beetje hol om over 'waarden en normen' te spreken die de samenleving moeten samenhouden. De vraag is wellicht eerder: welke waarden en normen? En in de mate dat de waarden en zeker de normen zeer sterk verschillen, zullen sommigen bepleiten dat twee religies een samenleving eerder splitsen dan dat ze de samenleving zullen samenhouden en kleuren.

In die zin is het ook een argument om tot op zekere hoogte tussen te komen in de vrije beleving van religie. De vrije markt kan er niet ten volle spelen want het gevaar op een sterk verzuilde en conflictueuze maatschappij is immers té groot.

Het is evenwel wel zo dat ten minste de waarden die gebaseerd zijn op religie tot op zekere hoogte samenlopen. Zo zal broederschap en barmhartigheid enigszins voorkomen in alle religies. Rest uiteraard nog de vraag voor sommigen of die broederschap slaat op de gelovigen of ook op de niet-gelovigen van een religieuze aanhorigheid.

Hoeveel ruimte heeft een orthodoxe religie om spontaan te gaan zoeken naar gemeenschappelijke waarden met andere stromingen? Elk ethisch sociaal systeem kan wel wat deviatie verdragen t.o.v. de officiële norm. Wellicht is dit voor de meesten onder ons ook goed en normaal maar wanneer de deviatie groter en groter wordt, is er sprake van ongeloofwaardigheid en wordt de situatie onhoudbaar. Dus rijst de vraag hoeveel marge iemand heeft die in een orthodox systeem is opgegroeid en er als het ware in gesocialiseerd is.

Het is maar de vraag of de religies op zich de gemeenschap kunnen samenhouden. Dit kan volgens sommigen alleen in de mate dat de ene religie gemeenschappelijke waarden en normen heeft met de andere religie. Vaak zullen de waarden wel min of meer gelijk lopen maar de toepassing er van, de normen, kunnen sterk uiteen lopen.

In de mate dat de secularisering nog niet op kruissnelheid is, zullen twee sterke religies het risico met zich meedragen dat ze een gemeenschap wellicht eerder splitsen dan samenhouden. Zichtbaar religieuze tekens zullen daarbij een rol spelen.

Het is bij velen wat ingebakken om zich bewust te zijn van het effect van het duidelijk en zichtbaar tonen van rijkdom. Ze vinden het goed dat dan een zekere schroom getoond wordt want ze voelen aan dat naarmate de rijkdom van iemand meer zichtbaar wordt, de frustratie van iemand die minder welvarend is, groter kan worden. Hun redenering is dat een rijke persoon die een beetje verborgen leeft, minder druk zal zetten op mensen die minder rijk zijn dan een rijke persoon die zijn rijkdom breed laat zien. Een buur die zijn welvaart uitgebreid toont, doet maatschappelijk meer kwaad dan een buur die zich daarover beschroomd opstelt, zal een stelling zijn die brede steun kan genieten.

Is er ook een zinvolle parallel te maken voor de vraagstukken over identiteit?

Indien alle supporters van AA Gent op een zekere dag naar hun werk zouden gaan met een onschuldige sjaal rond de hals, dan duurt het niet tot de middag voor de supporters van Anderlecht naar huis rijden om hun sjaal te gaan halen. Het in groep dragen van een sjaal is geen neutraal sociologisch gegeven. Het kan gepaard gaan met escalatie en ook tot het tot sociale norm verheffen van het dragen van zo een teken.

Dit staat los van het al dan niet open staan voor spiritualiteit. Men kan perfect open staan en sympathie hebben voor religie maar vinden dat men dit niet dag-in dag-uit publiek moet uiten. Ten minste niet in de dagdagelijkse omgang omdat dit dan de vrijheid van andere mensen beïnvloedt en vermindert en de kans verkleint om vanuit een neutrale positie te oordelen. Het gaat dan zoals gesteld niet om vertegenwoordigers van de religie.

Wanneer religie in een grotere groep beleefd wordt, dan is het in elk geval geen fenomeen dat we zouden kunnen reduceren tot de individuele vrijheid van ieder om zich te manifesteren zoals hij wil. Zoals John Mill schreef: tot individualiteit moet dat deel van het leven toebehoren dat het individu aanbelangt, tot de gemeenschap, dat deel dat de gemeenschap aanbelangt.[21]

> Een samenleving kan zoals betoogd slechts functioneren wanneer er een aantal gemeenschappelijke waarden zijn.
> In de mate dat de secularisering nog niet op kruissnelheid is, zullen twee sterke religies het risico met zich meedragen dat ze een gemeenschap wellicht eerder splitsen dan samenhouden.

3.   Over het afstoppen van monopolies

W E MOETEN MET de nodige nuance bekijken wat er precies gebeurt met rechten. Het klinkt als een paradox dat wanneer iemand een individueel recht heeft, dat wanneer dan velen dit recht hebben, dit recht dan minder uitoefenbaar zou zijn.

Heeft het ook te maken met het feit dat mensen verwachten dat in de toekomst anderen de regels niet zullen respecteren? De schrik namelijk dat de individuele vrijheid van de mensen die in de toekomst niet tot de meerderheid zullen behoren, niet zal gerespecteerd worden. Dit is een vreemd fenomeen. Want mensen die uit schrik voor het in de toekomst niet meer bekomen van individuele rechten, diezelfde rechten nu reeds willen opheffen, lijken masochistisch. En toch nemen ze die houding aan.

Stel dat iemand een Kantiaanse houding zou aannemen ten aanzien van de problematiek. Dan zou daar toch geen verbod kunnen uitvloeien? Kant volgen zou betekenen dat het gedrag dat men tentoonspreidt zou moeten getoetst worden aan een test. Indien het gedrag een algemene regel of wet zou worden, zou het dan nog als goed aanzien worden? Dit om te toetsen of iemand neutraal genoeg staat ten aanzien van wat hij van plan is.

Dit zou een argument zijn om te zeggen dat het dragen van een groot religieus teken geen probleem kan zijn. Immers, indien iemand er een probleem mee heeft, dan zou hij zelf een teken kunnen aandoen. De vrijheid van de 'klagende' persoon zou niet verminderd worden. Immers, hij heeft de mogelijkheid om zelf een teken aan te doen.

Toch lijkt het er op dat mensen een verdiscontering

maken van een situatie die zich in de toekomst zou kunnen voordoen. Ze trekken als het ware een toekomstige situatie naar voren in hun overwegingen.

Ze zullen wel akkoord zijn dat ze zelf de mogelijkheid hebben om iets aan te doen. Die vrijheid hebben ze. Maar ze vragen zich tegelijkertijd af tot welk een samenleving dit dan precies leidt. Indien zeer velen niet alleen die vrijheid zouden hebben, maar ook zouden nemen, worden ze dan niet *de facto* verplicht om iets te dragen? Ontstaat dan ook geen uniformeringsdruk, niet noodzakelijk vanuit één religie maar wel vanuit diverse religies die zichtbare religieuze tekens belangrijk vinden? De mensen die dat niet behaaglijk vinden kunnen zowel areligieus of antireligieus zijn als open staan voor spiritualiteit.

Wanneer mensen verwachten dat hun individuele vrijheid in een toekomstige situatie niet zal gerespecteerd worden, dan vinden ze dat ze nu reeds in actie mogen komen. Immers, waarom wachten tot het te laat is, en ze geen mogelijkheid meer hebben om te reageren?

Ze verdisconteren hun nieuwe realiteit op basis van wat ze rondom zich zien. Ze gaan empirisch te werk en observeren bijvoorbeeld de wijken waar sterk orthodoxe religies in een grote meerderheid zijn. Of ze baseren zich op wat ze zien in *landen* waar sterk orthodoxe religies in een grote meerderheid zijn. Ze vragen zich af wanneer ze de kans zullen hebben om nog te reageren wanneer een religie op weg is naar een monopoliesituatie zoals die reeds nu te voelen is in sterk orthodoxe wijken.

Natuurlijk overwegen ze dit met heel veel schroom. Niemand wil graag moreel oordelen over de religie van een andere mens. Religie woont dicht bij de ziel en het laatste wat je wil doen als voorkomend burger is iets wat als heilig wordt aangevoeld door een andere mens helemaal aan de kant zetten. Het is dus zoeken naar wat gegeven de realiteit gepast, redelijk en proportioneel is.

Respect voor religie mag eindeloos zijn, maar het denken er over mag niet eindeloos optimistisch zijn. In de mate dat religie toegepast wordt in een samenleving en daarmee eerder onder de noemer sociologie valt, heeft iedereen een recht er zijn mening over te uiten. De hoogste vorm van loyauteit die men zijn samenleving kan betonen is een moreel oordeel te geven over wat men rondom zich ziet. In die zin kunnen we open staan voor spiritualiteit en er heel veel ingetogenheid en respect voor hebben, maar terzelfdertijd oordelen dat niet alle *afgeleide vormen* er van heilig zijn in de zin van onaantastbaar en onbespreekbaar.

Elk concept van samenleving moet een kritische toets van de redelijkheid kunnen doorstaan en zolang het niet over religie zelf, maar over sociologie gaat, zijn er geen *no-fly zones*.

Een bedrijf dat dreigt op weg te zijn naar een monopolie, wordt gestopt door de mededingingsautoriteiten. We zijn in Europa of in de wereld misschien wel aanhanger van de vrije markt maar zeker niet van monopolies. Monopolies veroorzaken verdrukking. Ze dulden geen concurrentie en de prijzen zijn hoog. Ze zijn de ultieme vijand van een echt vrije markt, van vrijheid. Monopolies zijn brutaal en je krijgt ze moeilijk weg eens ze er zijn. Een bedrijf dat een groot marktaandeel heeft, kan al snel als dominant worden aangemerkt. In die situatie worden gedragingen die normaal wel acceptabel zijn, door het mededingingsrecht verboden. Een dominant bedrijf heeft immers de mogelijkheid de markt en het gedrag binnen die ruimte naar zijn hand te zetten. In het Midden-Oosten zitten we volgens velen in een dergelijke situatie. Christenen hebben in het beste geval de optie om te verhuizen.

Welke zijn nu de kritische percentages bij de groei van een dominante religie en wat kan een aanvaardbare houding zijn van die religie en van diegenen die niet tot die religie behoren?

95%

Eens een dominante religie meer dan 95% van de samenleving heeft, of minder arbitrair, dicht bij de 100% komt, dan houdt ze zich vaak niet in. Dit zou ze nochtans moeten doen. Ze zou respect moeten hebben voor de luttele percentages van andersdenkenden. In de praktijk leert de geschiedenis dat de laatste percentages dikwijls min of meer worden opgeruimd. Net zoals een bedrijf op weg naar een absoluut monopolie dit probeert te doen. De verwachting zou kunnen zijn dat de grote een metafysische schroom heeft ten aanzien van de kleine. Helaas ligt het pad der mensheid dicht bezaaid met fenomenen als de drang tot uniformeren en het wegduwen van andersdenkenden.

In de praktijk is dit dan geen redelijke samenleving meer. De reden is dat de uniformeringsdruk waar Mill het zo vaak over had in zijn boek *On Liberty*[22] volop toeslaat. Een dominante religie kan door haar sociologische impact op de samenleving te groot zijn om in absolute vrijheid verder te gaan.

Te groot om vrij te zijn zal geen gemakkelijk beginsel zijn om te aanvaarden voor een dominante cultuur. In principe zou een dominante culturele stroming zelf moeten of kunnen aanvoelen wat gematigdheid is. Het zou kunnen behoren tot het spontane *savoir-vivre* van een grote stroming. Ze zou een gepaste houding moeten aannemen die ingetogen en voorkomend is ten aanzien van kleinere culturele stromingen. Daarop hopen is gepast maar de geschiedenis en de realiteit van onze wereld bevatten veel tegenvoorbeelden. Vaak wordt de onstuimigheid van de biologie gevolgd of de wetmatigheden van wat we economisch Darwinisme noemen. Hier tegen opkomen doen we in sociale en economische contexten al sinds een paar eeuwen op onvoltooide maar gepaste en proportionele wijze.

Wat kunnen goede vragen zijn ten aanzien van diegenen die niet behoren tot de 95%? Deze vragen moeten gelimiteerd zijn door de volgende parameters:

Het voortbestaan van de eigen religie mag niet in vraag gesteld worden. Voor zover het geen sekte is, moet de religie vrij kunnen beleden worden. Een non-discriminatie politiek moet er voor zorgen dat indien er bijvoorbeeld subsidies en voordelen zijn voor grote religies, dat die ook ter beschikking zijn voor kleinere.

Beperkt door deze limieten kunnen er, wanneer de 95% ter goede trouw is, ook integratiedoelstellingen geformuleerd worden. Die kunnen bijvoorbeeld uitgaan naar werk, taal en gewoontes. Dit op voorwaarde dat de samenleving waar men in terecht komt, de toets weerstaat van de morele principes die men redelijkerwijze kan hanteren. Die toets komt in een goed werkende democratie, in een parlement tot uiting.

Assimilatie gaat te ver, elk mens verdient een generatie om helemaal mee te zijn met de nieuwe samenleving waar men in terecht komt.

51%

Een ander kritisch percentage is 51%, de helft plus één. Een heilig getal in de democratie maar geen onschuldig cijfer. Via de weg van de democratie kan een dominante cultuur snel de situatie naar haar hand zetten en een dictatuur van de meerderheid installeren. Dominante culturen worden de eerste vijand van vrijheid, een waarde aan wie ze het te danken hebben dat ze mochten groeien. Het beginsel dat hen de boulevard van vrijheid gaf, dreigt als eerste te worden opgeruimd.

De verwachting die men zou kunnen hebben, is als volgt te formuleren: het feit dat, juridisch gesproken, de meerderheid beslist, betekent niet dat de meerderheid, moreel gesproken, mag beslissen wat ze maar wil. De meerderheid is moreel verplicht te beslissen in het belang van het gehele volk en niet in haar deelbelang.[23] Vandaar dat er *checks and balances* zijn die de tyrannie van de meerderheid moeten beletten.

Maar niet elke dominante cultuur volgt dit moreel democratisch principe. Het pad naar een echte democratische

geest is versperd door de haast biologische drang naar 100%
eens de 50% gepasseerd is.

De 49% kan enkel de goede raad gegeven worden om
kalm te blijven en zich democratisch hard te weren.

5%

Ook 5% is een belangrijk percentage. Het is – arbitrair gesteld – een percentage dat veel mensen een
diversiteitspercentage zouden kunnen noemen. Als een
stroming kleiner is dan 5% dan wordt ze vaak als bijdragend
tot diversiteit gezien. Veel mensen baseren hun houding
tegenover alle religie en alle culturele afgeleide effecten op
dit of een vergelijkbaar percentage.

Culturen met een aandeel dat hier onder valt, zijn als
het ware het spiegelbeeld van de bijna-monopolies. In de
mate dat ze geen sekte zijn, verdienen ze voor veel mensen
gemodereerde steun. Ze zijn de kleine, zeldzame plantjes die
volgens hen beschermd moeten worden. Of, men vindt ze
zo klein zijn dat ze redelijkerwijze niet als dominant kunnen
gezien worden.

Het is filosofisch niet gemakkelijk om een kwantitatief
onderscheid te maken tussen een kleine, lieve culturele
stroming en een grote dominante. Het aantal leden van een
stroming zegt bijvoorbeeld niet veel over de intensiteit van
de beleving.

Een grote culturele stroming kan haar plaats kennen
in de samenleving of kan bewezen hebben dat ze geen
uniformerende druk zet op wie er niet toe behoort. Een
kleine religie kan ook geografisch heel geconcentreerd zijn
waardoor de kenmerken die aan een grote religie worden
toebedeeld, ook kunnen voorkomen bij een kleine maar dan
in een bepaalde stad of zelfs wijk.

Is het overigens correct en respectvol om een opkomende
religie te vergelijken met een opkomend bedrijf? Natuurlijk
niet. De vergelijking is ook niet sluitend en we mogen religie

ook niet op gelijke voet zetten met affectieloze business concepten. Bijvoorbeeld, religie is geen marketing. Maar dat proselitisme – het proberen te bekeren van mensen tot je eigen mening- niets te maken heeft met het winnen van marktaandeel, is ook niet volledig juist. Zo ook moeten religies die potentieel monopoliserend of dominant gedrag vertonen, nauwkeurig geanalyseerd kunnen worden. Kunnen ze zich beroepen op de vrijheid indien ze zelf potentieel een gevaar voor de vrijheid van anderen vormen? Tot waar gaan de grenzen van de democratische tolerantie en waar begint de voorzichtigheid?

Uiteraard moeten we alle religies in vergelijkbare situaties, gelijkwaardig behandelen.

Het kritisch oog van veel mensen valt dus in principe op culturele stromingen met een aandeel vanaf 5%.

Ofwel zijn ze kleiner en verdienen ze voor velen in het kader van de diversiteit kritische maar welwillende steun. Aandachtig zijn is aan te raden, het is sociologie, ook voor kleine groeperingen. Een sekte bijvoorbeeld zal als gevaarlijk voor de samenleving gezien worden en desgevallend verboden. Maar bij kleine religies moeten we – a priori – niet overwegen om in te grijpen. Een samenleving kan heel wat diversiteit gebruiken en verdragen. Sommigen zullen zeggen: wanneer het de bedoeling is om op tijd een dam op te werpen tegen uniformering, dan moeten we er voor zorgen dat we zelf geen meesters in uniformering worden. Je kan niet zodanig supporteren voor bepaalde principes dat je ze zelf begint af te breken.

Ofwel zijn ze groter dan 5% en dan moeten ze vanuit sociologisch perspectief een kritische toets kunnen doorstaan. We moeten dus met dominante religies niet wachten tot ze voorbij de 50% zijn en ondertussen stilletjes hopen dat ze wat geseculariseerd zijn. Die kans bestaat maar indien het niet gebeurt, ziet het er niet goed uit. Pogingen om dan nog iets te doen, kunnen mogelijks te laat komen.

En kunnen ook risicovol zijn. Wie wil protesteren tegen een opkomend monopolie van bijna 50% heeft wellicht niet veel meer opties dan een staatsgreep te plegen. Geen mooi democratisch vooruitzicht en dus absoluut af te raden. Met andere woorden, op dat ogenblik is het voor sommigen eigenlijk al wat te laat.

> Respect voor religie mag eindeloos zijn, maar het denken er over mag niet eindeloos optimistisch zijn.
>
> Een bedrijf dat dreigt op weg te zijn naar een monopolie, wordt gestopt door de mededingingsautoriteiten.
>
> *Te groot om vrij te zijn* zal geen gemakkelijk beginsel zijn om te aanvaarden voor een dominante cultuur.
>
> In principe zou een dominante culturele stroming zelf moeten of kunnen aanvoelen wat gematigdheid is. Het zou kunnen behoren tot het spontane *savoir-vivre* van een grote stroming.
>
> De verwachting die men zou kunnen hebben, is als volgt te formuleren: het feit dat, juridisch gesproken, de meerderheid beslist, betekent niet dat de meerderheid, moreel gesproken, mag beslissen wat ze maar wil.

3.1 Over een verbod op zichtbare religieuze tekens

Om al deze redenen is het wenselijk om een verbod te hebben op het dragen van grotere en zichtbare religieuze tekens in Europa voor religies met meer dan 5% aandeel van de bevolking. Het betreft een verbod waar de gebedsplaatsen, de private plaatsen en de clerus van alle religies, zoals priesters en imams, een uitzondering op zijn.

In wezen is een verbod steeds een vorm van capitulatie. Indien mensen de gevoeligheid zouden hebben om te begrijpen dat het dragen van grote zichtbare religieuze tekens de vrijheid van anderen vermindert, dan zou een verbod niet nodig zijn. Dit verbod is ook niet geïnspireerd door een afkeer van spiritualiteit, waar velen in wezen open voor staan.

De analyse is dat het risico op een gesplitste samenleving zeer groot wordt zonder een dergelijk verbod. Anders zal het onmogelijk worden om de ganse bevolking nog te kunnen omarmen. De ontmoeting met alle anderen zal niet meer onbevangen kunnen gebeuren. De verschillen in de openlijk gecommuniceerde sets van waarden zullen te groot zijn. Het respecteren van de wet is wel een nodige maar geen voldoende voorwaarde om van een samenleving te kunnen spreken.

De vrijheid van religie is een fundamenteel mensenrecht maar wanneer dit recht als een grotere groep wordt uitgeoefend, moet men de nodige zorg besteden aan de vrijheid van anderen. De vrijheid van religie is een niet-lineair mensenrecht dat afbuigt waar de vrijheden van anderen beginnen.

Een ingrijpen in de vorm van een verbod is nu nodig omdat de marketing van groter wordende religies te sterk is en omdat te laat komen, zal betekenen dat men niet meer kan ingrijpen.

Er zijn zeker ook heel wat argumenten tégen een algemeen verbod op religieus zichtbare tekens. Dat kan dan gaan over de vraag of de beslissing bestand zou zijn tegen kritiek dat men dan al dan niet enkel één religie, in casu de islam zou viseren. Zijn de omstandigheden waarnaar men verwijst bijvoorbeeld anders voor de hoofddoek dan voor andere zichtbare religieuze tekens?

Of nog, de belangrijke vraag of er geen alternatieve maatregelen te nemen zijn indien men gevoelig zou zijn voor het argument dat sommige religies te groot en te dominant zijn om helemaal vrij te zijn.

Laat ons ook even stilstaan bij de vraag of dat het niet zo is dat in Europa sinds eeuwen christelijke zusters ongestoord en zonder storen een hoofddoek dragen.

> Om al deze redenen is het wenselijk om een verbod te hebben op het dragen van grotere en zichtbare religieuze

tekens in Europa voor religies met meer dan 5% aandeel van de bevolking.

Het betreft een verbod waar de gebedsplaatsen, de private plaatsen en de clerus van alle religies, zoals priesters en imams, een uitzondering op zijn.

3.2 Viseren we hierbij één religie?

Waarom nemen we de drempel van 5%? Is die wel toevallig gekozen aangezien de joodse bevolking hier vaak onder zal vallen en de islamitische bevolking niet? Er zijn heel wat redelijke argumenten die naar de 5% leiden.

Het voorstel behandelt inderdaad een kleine religie anders dan een grote religie. Dit volgt uit de stelling dat de vrijheid van religie geen lineair recht is. Wanneer een grotere groep leeft volgens de volledige vrijheid van religie dan is dit anders dan dat dit het geval is met een kleinere groep. Het verschil zit hem in de impact op de samenleving en op de vrijheid van anderen. De impact op de vrijheid van anderen is groter wanneer het gaat over een grotere groep die zichtbare religieuze tekens draagt.

Wanneer men dit argument aanvaardt, dan is de vraag wat is groot en wat is klein op het vlak van religies? Hoe drukken we dit ook uit in percentage ten aanzien van een samenleving. Uit de bespreking van enkele kritische percentages volgt dat sommige religies te klein zijn om ook maar een daadwerkelijke inperking van de vrijheid van anderen te kunnen betekenen.

We moeten dus segmenteren, ook bij deze delicate onderwerpen. Onze basishouding t.a.v. een religie die klein is, moet anders zijn dan t.a.v. een religie die groot is. De situatie is anders door de andere impact op de vrijheid van anderen en dit verantwoordt een aparte behandeling.

De 5% is gekozen, zoals de 5% van de kiesdrempel in België is gekozen. Het had evengoed 4% kunnen zijn, of 6%, maar toch niet 10%.

Elk bedrijf dat in de Europese Unie een fusie wil doen en een wereldwijde omzet heeft van meer dan 2,5 miljard euro, kan onderzocht worden op het vlak van dominantie en monopolievorming. De motivatie om precies 2,5 miljard euro te nemen, kunnen velen begrijpen. Maar niemand zal in staat zijn om glashelder te motiveren waarom het geen 2 of 3 miljard mag zijn. Maar 20 miljard zou misschien als te veel aangevoeld worden en 1 miljard euro als te weinig. Toch voelt men aan dat er een onderscheid is, dat er een verschil is tussen een groot bedrijf en een klein bedrijf.

Maar 10% zullen velen een te hoge drempel vinden. De reden daarvoor is dat het percentage niet uniform verdeeld is over het ganse grondgebied. Dit betekent dat we sowieso met concentratie te maken hebben. Zelfs met een percentage van 5% moeten we er van uit gaan dat in sommige wijken het aandeel van een dominante religie bijvoorbeeld 60% zal zijn. Daarmee zitten we al over de 50%, een percentage waarbij we er van kunnen uitgaan dat de druk tot uniformiseren hoog zal zijn bij het dragen van grote zichtbare religieuze tekens.

En het percentage moet ook niet 1% zijn. Een religie van minder dan 5% moet geen anti-monopolie maatregel toebedeeld krijgen. Ze vormt door haar geringe aantal gelovigen redelijkerwijze geen bedreiging voor de vrijheid van anderen, ook al communiceert ze via religieus zichtbare tekens. In de mate dat ze de grondwet en andere wetten volgt, en geen sekte is, is er geen vuiltje aan de lucht. Sommigen zullen nog verder gaan en zelfs, in het kader van de diversiteit, er voor zullen pleiten dat ze aangemoedigd worden. Zoals een KMO aangemoedigd wordt en een monopolistisch bedrijf wordt ontmoedigd.

Een religie van 95% verdient alle waakzaamheid. Immers, vertoont ze dominant gedrag, duwt ze niet-gelovigen en andersgelovigen weg? Of is ze mild en wat uitgeblust? Vloeit er hete lava van haar lijf die elk normaal mens schrik zou aanjagen of groeien er op haar oude gestolde lava weer olijfbomen?[24]

Het is voor sommigen een moeilijke en onvoorspelbare vraag wat er precies gebeurt bij pakweg 5, 51, of 95%. Voor anderen is het misschien niet zo onvoorspelbaar gezien er voorbeelden zijn in elke van die categorieën. We kunnen empirisch een aantal zaken vaststellen.

Een verbod instellen vanaf 5% omhelst zeker ook een dilemma, niemand wil een ideologische zelfontmanteling van de vrijheden. We kunnen niet zodanig geloven in een set van waarden dat we ze zelf beginnen af te breken.

Het klinkt voor sommigen onverstandig om uit schrik voor een religieus monopolie, zelf de vrijheden te beginnen beperken. Want zelfs al komt er een 50%, dan nog zou je willen kunnen rekenen op de vrijheden.

De vraag is of er in die situatie van een sterke religie met meer dan 50% werkelijk nog enige kans is op die vrijheden. Indien we zeker waren dat die vrijheden er nog zullen zijn, dan zouden we nu minder geneigd zijn om een verbod op religieus zichtbare tekens in te voeren. Maar we zijn daar niet zeker van, eerder omgekeerd, en daarom moeten we volgens mij nu kiezen.

Hopelijk is het duidelijk dat er geen totaal verbod op religie in de publieke ruimte moet komen. Wel meer omzichtigheid voor de vrijheden van anderen in de publieke ruimte. En die is in rede niet in gevaar door enkele mensen met een zichtbaar religieus teken aan. Dan is er nog steeds mentale vrijheid van religie of a-religie. En is de keuzevrijheid in de publieke ruimte gegarandeerd.

Wanneer 50% van de publieke ruimte is ingenomen door zichtbare symbolen van de meerderheid, dan heeft de minderheid minder keuzevrijheid. Daarom pleit ik voor een verbod van op de van op afstand zichtbare religieuze symbolen. De islam is dus zeker niet geviseerd maar er wordt een inspanning gevraagd aan elke erkende religie groter dan 5% die met levensbeschouwelijke symbolen de samenleving volledig visueel zou kunnen inpalmen. Het gaat dus om erkende religies met een wat groter aandeel van de bevolking.

In een tribune of een vak met 90% sjaals van AA Gent, heb je als Anderlecht supporter geen vrijheid van opinie. Bij het scoren van een goal voor Anderlecht, kan je maar beter heel stil je emotie uiten. In een voetbalstadion worden supporters met 'een verkeerde opinie' noodgedwongen naar 'hun eigen vak' begeleid wanneer ze zich publiek kenbaar maken. Een dergelijke situatie is al helemaal niet wenselijk in een echt publieke ruimte. Het dragen van sjaals in een voetbalstadion is hoogstwaarschijnlijk voor iedereen maatschappelijk te aanvaarden maar stellen we ons eens een dergelijke situatie in elke straat en op elk ogenblik van de dag voor. Een situatie waarbij iedereen in zijn eigen vak moet wonen. Iedereen in zijn eigen wijk want enkel daar hoort hij thuis. Waar staat dan onze samenleving, hoe kunnen we dan in vrijheid met elkaar samenleven? Wat verbindt ons dan meer dan een grondwet en een gezamenlijke sociale zekerheid?

Hoe ver moeten we nu gaan bij een verbod op zichtbare religieuze tekens? Het verbod moet in elk geval redelijk, proportioneel en duidelijk zijn om rechtvaardig te kunnen zijn.

Een volledig verbod op religieuze tekens zou nog duidelijker zijn. Immers, wanneer kleine tekens nog mogelijk zouden zijn, dan is heel veel van de redenering die hierboven gevolgd wordt, nog steeds geldig. Vanaf het ogenblik dat mensen zich in groep kenmerken, krijg je potentieel de samenlevingsproblemen die beschreven zijn. Zelfs een pin van kleiner dan één centimeter in een bepaalde kleur zou de samenleving in A en B opdelen. Zeker indien ze een set van waarden vertegenwoordigt en die in een grote groep gedragen wordt. Dus, waarom geen totale seculiere samenleving en een totaal verbod in de publieke ruimte?

Het antwoord is dat dit te ver zou gaan. Dit verbod zou niet redelijk en niet proportioneel zijn. Het zou voor veel mensen redelijk zijn om het verbod te beperken tot de grote zichtbare religieuze tekens. Een klein kruisje of bijvoorbeeld een hamsa voor de moslims, moet in de huidige situatie volstaan. Ik ben er mij ook bewust van dat wat voorgesteld wordt, niet niets is. Nog verder gaan, lijkt niet proportioneel ten aanzien van het probleem dat zou moeten opgelost worden. Het zou dus gepast zijn dat elke gelovige van de islam nog steeds een hamsa kan dragen. Een hamsa is een Fatima-handje dat typisch aan een ketting hangt van een gelovige. In de intimiteit van een lichaam, dicht bij de ziel, moet niemand tussenkomen. Wanneer dit dan ook wat zichtbaar is, in de nabijheid van een persoonlijk gesprek, dan kan niemand daar redelijkerwijze in tussenkomen.

We knippen dus de absolute vrijheid van religie bij. Zoals we in het economische het wilde kapitalisme in rustiger vaarwater hebben kunnen begeleiden. De grassprieten kunnen niet meer eindeloos hoog zijn, maar worden net bijgeknipt naar wat nodig is. Het gras wordt niet afgeschroeid. Enkel bijgeknipt naar wat redelijk aanvoelt gegeven de omstandigheden van vandaag waar we op een keerpunt staan.

> Waarom nemen we de drempel van 5%? Is die wel toevallig gekozen aangezien de joodse bevolking hier vaak onder zal vallen en de islamitische bevolking niet?
>
> We moeten dus segmenteren, ook bij deze delicate onderwerpen. Onze basishouding t.a.v. een religie die klein is, moet anders zijn dan t.a.v. een religie die groot is.
>
> De 5% is gekozen, zoals de 5% van de kiesdrempel in België is gekozen. Het had evengoed 4% kunnen zijn, of 6%, maar toch niet 10%.
>
> Hopelijk is het duidelijk dat er geen totaal verbod op religie in de publieke ruimte moet komen. Wel meer omzichtigheid voor de vrijheden van anderen in de publieke ruimte.

> Het zou dus gepast zijn dat elke gelovige van de islam
> nog steeds een hamsa kan dragen. Een hamsa is een Fatima-
> handje dat typisch aan een ketting hangt van een gelovige.

3.3 Geldt dit dan ook voor imams, priesters, zusters, broeders en paters?

"Vroeger liepen hier ook veel zusters rond met religieus zichtbare tekens" hoor je vaak. Dat zal juist zijn, en met alle respect. Alle respect voor de mensen die tot de clerus behoren: imams, priesters, broeders, zusters en anderen. Het is gepast dat zij zich kunnen uiten als religieus vertegenwoordiger of leider van hun geloofsgroep. Zij staan niet boven de wet maar aangezien een verbod voor burgers zou gelden, kan je moeilijk beweren dat zij sociale druk zouden veroorzaken. Ze zijn met te weinig. Ze behoren eerder tot wat we als diversiteit zouden beschouwen dan als sociale groep. Daarom geldt het verbod niet voor vertegenwoordigers van de religies. Het zou een voorzitter van een voetbalploeg ook niet kwalijk genomen worden dat hij dag-in-dag-uit met een pin rondloopt. Indien zijn supporters dat doen en ze zijn met heel veel, dan ontstaat er een sociologisch vraagstuk dat de gebruikelijke tolerantie voor diversiteit overstijgt.

> Alle respect voor de mensen die tot de clerus behoren:
> imams, priesters, broeders, zusters en anderen. Het is gepast
> dat zij zich kunnen uiten als religieus vertegenwoordiger of
> leider van hun geloofsgroep.

3.4 Over het nù invoeren van een verbod

Is het verantwoord om nù reeds een verbod in te voeren? Het verbod is zeker een ingrijpende beslissing en waarom dit dan nu al doen? Is het wel een proportionele reactie wanneer er ook een voor de hand liggende spontane oplossing bestaat, bijvoorbeeld wachten op secularisering. Moeten we wachten op secularisering?

Is het niet een ultiem teken van een gebrek aan relativering wanneer we weten dat sommige religies nog geen 10% van de bevolking uitmaken? Is het niet beter te wachten tot de demografie, de migratie, de secularisering, zélf hun deel van de waarheid brengen? Waarom zou een nu stijgende curve, blijven stijgen in de komende 50 jaar? Moeten we geen seculariseringskans geven aan andere religies zoals we die voor de toen dominante cultuur in Europa ook eeuwenlang hebben geboden? Is een verbod nu daarom niet té extreem?

Ik heb bijzonder veel begrip voor de argumenten die in deze vragen vervat zitten. Maar misschien omvatten ze niet de hele waarheid. We moeten daarom stil staan bij de vraag of het ritme van de secularisering voldoende hoog zal zijn.

Met een gematigde religie is dit geen probleem. Een religie seculariseert vanzelf, als een klontje suiker in een kop thee. Ze kan de maatschappij een zoetere en betere smaak geven. De verwachting van velen was dat dat wat gebeurd was met het christendom, dat dit ook met andere religies zou gebeuren. Jaar na jaar verzacht de invloed van religie en het christendom is anno 2017 overgegleden naar een zachte vorm van cultuurchristendom. Het cultuurchristendom heeft onder druk van onder meer de Franse revolutie, de revolutie van mei '68, en verdere secularisering volgens velen een stille maar bewuste en mooie plaats in de samenleving gevonden. Gekenmerkt door een openstaan voor spiritualiteit, sterke sociale waarden, en modern ingevuld in respect voor medeburgers met een andere opinie.

Wanneer er evenwel sterke tegenkrachten zijn t.a.v. die secularisering, dan zitten we in een ander verhaal. En die tegenkrachten zijn er, en lijken wereldwijd zelfs sterker te worden. Sommige religies zijn de laatste 50 jaar enorm geradicaliseerd. Er zijn ook religies die intern competitief zijn. De juiste interpretatie of de correcte perimeter van hun heilige teksten wordt met een oorlog of een aanslag beslecht.

Of dat te vergelijken is met de competitie die er was tussen de katholieken en de protestanten enkele eeuwen geleden? Dat moeten we overlaten aan de geschiedkundigen en de theologen. Religies worden ook vaak gekaapt. Oorlogen en hebzucht zoeken vaak een vlag, het is niet steeds een vlag die een oorlog zoekt.

Maar door inwendige competitie tussen de diverse stromingen, ontstaat er ook uitwendig een competitieve spirit. Indien het niet duidelijk is of een sterk conservatieve gelovige wel conservatief genoeg is, dan is een geseculariseerde gelovige al zeker niet voldoende conservatief. De competitie binnen de religie maakt de religie als geheel veel competitiever. Sommige religies zijn daarom op dit ogenblik en als geheel geen helper bij secularisering, eerder een belangrijke tegenkracht. Dit heeft een invloed op het ritme van secularisering. Daarom moeten we niet super optimistisch zijn over het seculariseringsproces van alle sterke religies. Het is mogelijk dat deze een zeker ritme aanhoudt, maar zeker is het niet. En er zijn belangrijke tekens van het tegendeel.

Zal een genuanceerd verbod op religieuze tekens het ritme van seculariseren verhogen of verlagen? Het ritme zou moeten verhogen. Er zouden immers ook meer onbevangen ontmoetingen zijn, meer gemengde huwelijken en minder drempels. Meer vrijheid tot echte ontmoetingen betekent meer kans op echt samenleven. Niet alleen tussen man en vrouw maar ook tussen vrouwen onderling en tussen mannen onderling.

Mensen zonder religieus zichtbaar teken zijn toegankelijker en minder drempels betekent meer begrip en minder verschillen. Dit moet leiden tot een samenleving die meer aan elkaar hangt en waar meer echte vrijheid bestaat.

Een ontmoeting moet niet bij voorkeur gebeuren via het poortje van religie. Religie kan best gedeeld worden tussen burgers maar kan in een echte samenleving niet de eerste communicatie zijn. Wanneer we een mens zien vanop 100 meter, kan het niet de bedoeling zijn om een set van waarden te promoten. Het is gepast om een ontmoeting te hebben met een andere mens, puur als mens. Wanneer dan ook over waarden en spiritualiteit gepraat wordt, dan is dit prachtig, lovenswaardig en te ondersteunen, maar dit kan moeilijk de eerste stap en de toegangspoort tot de andere zijn.

De tegenkrachten van secularisering stimuleren nu net de religieus zichtbare tekens om die ontmoetingen wel via die toegangspoort te laten passeren of alternatief, de ontmoeting helemaal niet te laten doorgaan.

Sommigen zien hierin een vorm van endogamie, het stimuleren van het huwen binnen dezelfde religie of groep. Dit is van alle tijden en bestaat in allerlei vormen. In een lichte vorm zullen welgestelde families in Europa rally's organiseren: feesten voor de jeugd waarop enkel de families die goedgekeurd zijn, worden op uitgenodigd. De bedoeling is om te zorgen voor vrienden en vriendinnen binnen de eigen sociale groep. De kans verkleint daardoor dat de keuze van de huwelijkspartner volledig aan het lot wordt overgelaten. De rally's zijn natuurlijk niet de enige plaatsen waar die jeugd zal feesten en daarom is het systeem verre van waterdicht bedoeld, maar de richting is er wel enigszins in aanwezig.

Een goede Duitse vriend die ik had leren kennen in de Verenigde Staten was verliefd geworden op een Pakistaans meisje. Hij werd uitgenodigd door de vader van het meisje in een hotel. Tot zijn grote verbazing en consternatie zei de vader van het meisje tot de jongen dat hij hem nooit meer wenste te zien en dat verdere verkering uitgesloten was. Hij wou niet dat er nog contact was tussen hen. Alle communicatie werd verbroken en verboden. Hun harten waren gebroken en gedurende twee lange jaren schreven ze elkaar in het geheim. Door de liefde en de doortastendheid van het koppel zijn ze na jaren toch kunnen trouwen. Liefde overwint veel maar belemmerd is ze wel door het idee dat het niet goed is om buiten de religieuze kring verkering te hebben.

Het gevaar dat men ziet is dat de orthodoxe levens- en zienswijze doorbroken wordt of verwatert bij contact met mensen uit een andere cultuur. In die zin hebben nationalistische kringen paradoxaal veel gemeen met orthodoxe mensen uit dominante religies. De supporters van de inclusieve samenleving hebben dus twee grote kampen te overtuigen: die van de sterke religies en die van de nationalistische groepen. Beide kampen zullen dit niet graag horen maar in wezen zijn ze beiden voor een exclusieve samenleving. Ze splitsen zich af omdat ze het niet zien zitten om de noodzakelijke brug te maken, de nodige compromissen af te sluiten om samen leven mogelijk te maken. Liever leven ze afgesloten van de rest van de samenleving.

Door in te grijpen zal de seculariseringsgraad in principe dus stijgen, de vrije menselijke interacties zullen frequenter worden en daarbij ook de kansen op een inclusieve samen-leving. Men laat de natuurlijke menselijke acties vlotter toe. Dit is nieuwsgierig zijn, de ander leren kennen zonder assumpties, zonder voorafgaandelijke condities.

Stel dat iemand gelooft dat het allemaal zo een vaart niet zal lopen. Dat wat zich in andere landen heeft afgespeeld, anders zal zijn in Europa. Dan gelooft hij wellicht dat de secularisering er voor zal zorgen dat het milder zal verlopen dan gedacht. Dan nog zou hij kunnen denken dat wanneer het echt uit de hand zou lopen, dat er dan nog tijd genoeg is voor een doortastende maatregel. Waarom nu reeds uitpakken wanneer het helemaal niet zeker is dat het zo een vaart loopt? Ja, waarom niet wachten, observeren en dàn pas handelen?

Er zijn een heel aantal tegenargumenten op deze stelling. Vooreerst, we mogen de tegenwind niet onderschatten wanneer een dergelijke maatregel zal beslist worden. Wanneer het aantal mensen dat religieuze tekens aan heeft, bijzonder hoog wordt, dan zal de maatregel harder aan komen en onnatuurlijker worden. Moeilijk te voorspellen of zo een maatregel nog de facto haalbaar is wanneer bijvoorbeeld 30% van de bevolking voorstander is van een dominante religie. Wordt zo een beslissing dan door straatgeweld onmogelijk gemaakt? Sommigen zullen om die reden argumenteren dat het nu reeds te laat is om een dergelijke maatregel in te stellen.

Bovendien, tot wanneer zou iemand dan voorstellen om te wachten? Tot net voor de grens van de 50%? Omdat er dan nét nog de tijd zou zijn? Ik vrees dat we die optie moeten schrappen. Het zou namelijk zo kunnen zijn dat wanneer een monopolie op weg is naar de 50% en zich via de democratie meester maakt van de situatie, het steeds moeilijker wordt om de trein te stoppen. Het komt er op neer dat wanneer de potentieel dominante macht er bijna is, die zich niet gemakkelijk zal laten afstoppen.

Eigenlijk is er op dat ogenblik nog enkel de theoretische mogelijkheid om een staatsgreep te plegen. En dat is geen mogelijkheid. En zeker niet voor pacifisten zoals wij allen. We kunnen daar nooit aan meedoen. We houden niet van het idee dat generaals, tanks en vliegtuigen de democratie moeten redden. Het is een té paradoxaal idee. Het monopolie van het zwaard hoort het volk toe. En wanneer het volk te hard verdeeld is, dan eigenlijk liefst aan niemand.

Stel dat we geen pacifist waren, dan nog is het geen aanlokkelijk scenario. De bedoeling kan wel goed zijn. De democratie en de inclusieve samenleving redden uit de handen van de monopolisten. Maar mislukt de staatsgreep, dan belanden niet alleen de groep die ze gepleegd heeft in de gevangenis. Ook alle ideologische sympathisanten, rechters, politici, vrienden en familie van de coupplegers belanden op die plek.

Dat is het wrede aan een mogelijke monopolist. Door het steeds verder gaan, verkleint hij het aantal opties van de verdedigers van de democratie. Hij dwingt als het ware tot steeds riskanter oplossingen. Hij dwingt niemand tot een staatsgreep maar laat minder en minder opties open. Mislukt de staatsgreep, dan rekent de monopolist er op dat iedereen het logisch vindt dat de vijanden van de democratie moeten gestraft worden.

> Religies worden ook vaak gekaapt. Oorlogen en hebzucht zoeken vaak een vlag, het is niet steeds een vlag die een oorlog zoekt.
>
> Zal een genuanceerd verbod op religieuze tekens het ritme van seculariseren verhogen of verlagen? Het ritme zou moeten verhogen. Er zouden immers ook meer onbevangen ontmoetingen zijn, meer gemengde huwelijken en minder drempels.
>
> De supporters van de inclusieve samenleving hebben dus twee grote kampen te overtuigen: die van de sterke religies en die van de nationalistische groepen. Beide kampen zullen dit niet graag horen maar in wezen zijn ze beiden voor een exclusieve samenleving.

3.5 Waarom wachten?

Het blijft een beetje moeilijk te begrijpen. Waarom nù een verbod wanneer het probleem zich nog niet stelt. Waarom een verbod op hoge snelheid in een dorp waar enkel brave rustige rijders wonen? Waarom een verbod op diefstal in een streek waar burgers hun eigen portefeuille zouden toevertrouwen aan wie dan ook?

Preventie is een delicaat begrip en in de wereldgeschiedenis al vaak misbruikt. *Pre-emptive strike* heeft ook in recente oorlogen een slechte naam waar niemand zich mee wil associëren. Dit kan ook hier de bedoeling niet zijn.

Waarom wachten? Wachten zou verantwoord zijn wanneer we bijzonder hard geloven dat de secularisering ondanks de gevoede tegenwind zich toch snel zal doorzetten. Dan zou het inperken van vrijheid niet gepast, niet proportioneel en niet redelijk zijn.

Wachten zou verantwoord zijn indien we denken dat een verbod geen goede invloed zou hebben op de snelheid van secularisering.

Wachten zou verantwoord zijn indien we geen schrik moeten hebben dat andere religies zich uit reactie op de religieus zichtbare tekens ook steeds harder en steeds publieker zouden gaan manifesteren.

Wachten zou verantwoord zijn indien we geen schrik zouden moeten hebben van een nieuwe verzuiling van de samenleving.

Wachten zou verantwoord zijn indien we heel zeker zouden zijn dat iedereen in de toekomst in vrijheid zal kunnen samenleven.

> **Wachten zou verantwoord zijn indien we heel zeker zouden zijn dat iedereen in de toekomst in vrijheid zal kunnen samenleven.**

3.6 De impact op andere filosofische stromingen

De leiders van de cultuurchristenen zijn wellicht wat verbaasd over de snelle en nieuwe tendenzen in de samenleving. Tot nog geen vijf jaar geleden zou men hen gevraagd hebben tot welke sekte ze precies behoorden wanneer ze zouden gezegd hebben dat ze meededen aan de jaarlijkse vasten. Meewarige blikken wanneer men zich tot verdediger van levensbeschouwelijk geïnspireerd onderwijs zou bekend hebben.

En kijk, door de opkomst van andere religies, is dat alles weer meer dan aanvaardbaar. Het lijkt er op dat andere religies het cultuurchristendom uit de hoek gehaald hebben. Het is weer in om te geloven in spiritualiteit en transcendentie. Men zou voor minder dankbaar zijn en supporteren voor de nieuwe objectieve bondgenoten. Tenslotte, bidden we niet allemaal tot hetzelfde opperwezen? Het kan toch niet anders.

Dus waarom waakzaam zijn, waarom het christendom – en in breder perspectief de cultuurchristelijke samenleving – verdedigen tegen andere religies wanneer dankzij die andere religie spiritualiteit en levensbeschouwing opnieuw trendy zijn?

Bij de cultuurchristenen zelf, niet de leiders, maken sommigen indien mogelijk nog een snellere evolutie door. Tot voor enkele jaren was men voorstander van levensbeschouwelijk geïnspireerd onderwijs maar in een zeer geseculariseerde vorm. Men genoot van de warmte die de oude stoof produceerde maar men ging er zeker niet op gaan zitten of te dicht bij komen. De ouders apprecieerden de kwaliteit van de geïnspireerde missie maar gingen er ook zeker niet te fel op in.

Tegenwoordig worden directie en inrichtende macht omringd met vragen van een deel van de ouders om de inspiratie in de scholen dik in de verf te zetten. Vragen komen om wat nadrukkelijker de Bijbelkennis te promoten en de concrete kennis aan te scherpen. Een flinke ommekeer. De felheid van sommige religies nodigt uit om de eigen identiteit te zoeken en te affirmeren.

Sommige ouders vinden dit goed, en anderen vragen zich af wat en waarom ze nu precies moeten accentueren wat voor hen vroeger in evenwicht was en geen explicitering behoefde. Ze worden als het ware gedwongen om te dé-seculariseren terwijl ze dachten dat alles op zijn plaats zat. Ze zoeken daarom meer om de vrije methodologie te beschermen. De vrijheid om moreel te oordelen over levensbeschouwing en het goed te mogen vinden wanneer ze het goed vinden. Wanneer bijvoorbeeld de loyauteit ten aanzien van de samenleving opgebouwd wordt via een gemeenschappelijke identiteit.

A-theisten of anti-theisten hebben het ook niet zo gemakkelijk om zich te positioneren. De reacties lopen fel uiteen. Sommigen zijn gelukkig dat het cultuurchristendom in zekere zin haar monopoliemacht aan het verliezen is – of volgens enkelingen grotendeels al verloren is. Sommigen supporteren mee met de nieuwelingen. Anderen zien in de opkomende religies de oude krachten die zich sterker dan voordien aan het manifesteren zijn. Ze vrezen voor een nieuwe golf van litteralisten die de fout begaan om de teksten voor letterlijk waar te nemen en ze zo uit te voeren. De Nederlandse filosoof Paul Cliteur gaat hevig te keer tegen litteralisten die vandaag de dag de inspiratiebron en zelfs opdrachtgever kunnen zijn van religieus geweld.[25] Naar analogie, eeuwen en eeuwen terug, met de religieuze moord in opdracht gepleegd op Willem van Oranje op 10 juli 1584 in het Prinsenhof in Delft.

Nog andere filosofische stromingen manifesteren zich intuïtief ook harder bij het binnenkomen van de nieuwe religies. Net zoals dit het geval was bij het binnenkomen van dominantere religies in Noord-Indië zoveel eeuwen geleden. Actie leidt tot reactie en meer nadrukkelijke actie tot meer nadrukkelijke reactie. Het is bijna onmogelijk om onbewogen te blijven. Soms wil men het ook niet, maar is het gewoon zo, een natuurlijk gevolg van de nieuwe omstandigheden. Het gevolg is dat de samenleving helemaal niet meer een aaneengesloten samenleving is, geen inclusieve samenleving. Wel een samenleving die onderhevig is aan een nieuw soort verzuiling, veel nadrukkelijker en harder dan de vorige die nog maar net uitgedoofd was.

> **En kijk, door de opkomst van andere religies, is dat alles weer meer dan aanvaardbaar. Het lijkt er op dat andere religies het cultuurchristendom uit de hoek gehaald hebben.**
>
> **Sommigen zijn gelukkig dat het cultuurchristendom in zekere zin haar monopoliemacht aan het verliezen is – of volgens enkelingen grotendeels al verloren is.**

4. Over de kost van het er niet bij kunnen of willen horen

EEN NIET INCLUSIEVE samenleving is niet alleen onhoudbaar omdat het tegen de beginselen ingaat van wat een samenleving is. Het is ook een dure samenleving. Het betekent dat veel talent verloren gaat. Nochtans is het alle hens aan dek om onze sociale welvaartstaat in stand te houden. Het is eigenlijk eenvoudig, we kunnen het ons niet veroorloven om niet op iedereen te kunnen rekenen. De Europese Unie schrijft voor dat 3 op de 4 volwassenen tussen 18 en 65 jaar een job moet hebben om onze voorzieningen in stand te kunnen houden. Een sterke economie die moet leiden tot een sterk sociaal weefsel.

Wanneer grote groepen in de samenleving niet buitenshuis werken, dan is er dus een probleem. Hoe groot is dat probleem? Volgens een studie van de Wereldbank was de werkgelegenheidsgraad voor vrouwen in het Midden-Oosten en Noord-Afrika 32% in 2006, nog een stuk lager dan in andere economisch moeilijke regio's in de wereld.[26] Er gaan miljarden verloren doordat vrouwen, vaak beter geschoold dan mannen, niet aan de bak komen op de arbeidsmarkt.

De inclusieve samenleving heeft voor sommige mensen een softe connotatie maar de consequenties zijn eerder hard wanneer men doorredeneert op het idee. Een inclusieve samenleving betekent ook dat men het niet kan dulden dat er sub-samenlevingen komen, eender of ze gedwongen of gewild zijn.

Het gaat dus over de architectuur van onze samenleving waar iedereen toe moet behoren. Daarbij is een dubbel evenwicht van belang. Wie rekent op sociale en economische inclusie moet ook kunnen aangesproken worden op identiteitsvlak. De twee lijken niets met elkaar te maken hebben maar de perceptie is niet steeds de realiteit.

Sociaaleconomisch hebben we het bijzonder moeilijk wanneer iemand uit de maatschappij zou willen stappen en als het ware zichzelf zou willen verzekeren. Waarom zouden we dan toelaten dat mensen op het vlak van identiteit er volledig zouden uitstappen wanneer er duidelijke sociaaleconomische consequenties zijn voor de ganse inclusieve samenleving?

Een verbod op zichtbare religieuze tekens is inderdaad een sterk middel en de vraag is of een ontrading ook voldoende zou zijn. Mijn vrees is evenwel dat we dan in een vicieuze cirkel terecht komen.

De drager van een religieus zichtbaar teken zegt: je hebt mij als individu te aanvaarden mét mijn religieus zichtbaar teken. Dit is een individueel recht op religievrijheid.

De andere burgers zeggen: door zo op straat te lopen stel je een sociale daad en zeker wanneer dat over het in groep beleven van dat recht gaat. Je splitst de samenleving in dragers en niet-dragers. Aangezien het over een sociale activiteit gaat, heb ik het recht hier tegenin te komen, het belang is te groot en overstijgt jouw individueel recht.

Op het werk is de situatie vaak nog moeilijker. Een sollicitatie met een religieus zichtbaar teken brengt de volgende moeilijkheid met zich mee. Laten we veronderstellen dat de werkgever niet tegen een bepaalde religie is, en zeker nooit zou discrimineren op basis van religie. Wanneer hij de sollicitatie met religieus teken aanvaardt – wat ook wettelijk verplicht is, alhoewel Europese rechters hierop nog geen rechtlijnig antwoord gegeven hebben – dan brengt hij een wij-zij situatie op kantoor. Dit is niet bevorderlijk voor de missie, visie en strategie van het bedrijf. Immers, diagonaal door de waarden van het bedrijf, komt er een andere cesuur: een filosofische of levensbeschouwelijke. En die is dan nog op elk moment van de dag zichtbaar ook. De werkgever kan zich dat niet aantrekken, er over heen stappen en de sollicitant aanvaarden. Of, indien dit wettelijk kan, beslissen dat dit geen goed idee is en de sollicitant niet aannemen.

Vanuit de kandidaat sollicitant mét religieus zichtbaar teken klinkt het anders. Hij zal niet begrijpen waarom hij niet aanvaard wordt zoals hij is. Is het niet zijn individuele vrijheid om een religieus zichtbaar teken aan te hebben? Gaat het niet om vermomde racistische motieven? Moet hij niet enkel beoordeeld worden op zijn capaciteiten? Kan het hem iets schelen of iemand een religieus zichtbaar teken leuk vindt of niet. Hij zal sympathie verwachten of in het slechtste geval tolerantie.

Er komen dus gevallen waarin iemand niet tegen religie is, en zelfs welgemeende sympathie heeft jegens spiritualiteit, maar het toch niet ziet zitten om iemand aan boord te nemen omwille van het grote gevaar op wij-zij situaties.

Het resultaat van die patstelling zien we nu al. De werkgelegenheidsgraad is bedroevend laag bij sommige bevolkingsgroepen en er zijn nu reeds eilanden en sub-samenlevingen die zo groot zijn dat ze nog weinig met het mooie en lovenswaardige begrip van diversiteit te maken hebben.

Zeker is het zo dat andere redenen aan de grondslag kunnen liggen van een lage werkgelegenheidsgraad. Racisme, een slechte opleiding en ook een ultraorthodoxe houding. In zeer orthodoxe milieus is de boodschap dat het beter staat, zelfs verlangenswaardig is, of nog, enkel toegelaten is, dat enkel de man uit gaat werken. Opnieuw, dit kunnen we ons niet op grote schaal veroorloven.

De strijd ten voordele van grote religieus zichtbare tekens is geen goede strijd. De strijd om respect voor religie in de publieke ruimte kan hier niet over gaan. Uiteraard kan onze sympathie uitgaan naar alle mensen die spiritualiteit en transcendentie een kans geven. Maar die band is klein t.a.v. de gevaren van een op grote schaal zichtbaar religieus opgesplitste samenleving.

Een aantal oprechte supporters van een inclusieve samenleving zijn heel bezorgd dat er sub-samenlevingen tot stand komen. Net nu we van de verzuiling verlost zijn, zeggen ze, komt er een nieuwe en veel hardere soort verzuiling tot stand.

Ze zijn geen aanhanger van een – met alle respect – Japanse, uniforme maatschappij. Ook stoort het hen niet wanneer een punker in vol ornaat naast hen zit. Hun bekommernis gaat hen dus niet over enkelingen, individuen, maar wél over de architectuur van onze samenleving.

Om een samenleving te doen functioneren zijn er voldoende gemeenschappelijke waarden nodig. Die waarden zijn belangrijk om inhoud te geven aan het paspoort van een land. Wanneer men wil dat de bevolking van het land houdt, dan moet het over meer gaan dan over een vrijgemaakte markt.

Een niet inclusieve samenleving is niet alleen onhoudbaar omdat het tegen de beginselen ingaat van wat een samenleving is. Het is ook een dure samenleving. Het betekent dat veel talent verloren gaat.

Wanneer grote groepen in de samenleving niet buitenshuis werken, dan is er dus een probleem. Hoe groot is dat probleem?

Zeker is het zo dat andere redenen aan de grondslag kunnen liggen van een lage werkgelegenheidsgraad. Racisme, een slechte opleiding en ook een ultraorthodoxe houding.

5. Quid Europa?

VOOR VEEL MENSEN is de liefde voor Europa groot. De staatkundige discussies kunnen die waardering nooit in de schaduw stellen. De Europese cultuur en kunst, haar stranden, skigebieden, wijn en talen, behoren tot de mooiste van de wereld.

Toch vinden velen dat er één en ander mag veranderen in het besturen van Europa. Over het wegvallen van handelsbelemmeringen zijn de meeste voor- en tegenstanders van de Europese Unie het eens. Maar dan komt het. Stopt het bij die eengemaakte markt of gaan we verder in het uitbouwen van een typisch Europees Europa. Hebben we daar baat bij? Kunnen we vooruitgang boeken in een sociaal, ecologisch en op het vlak van identiteit krachtig Europa of laten we het bij een uitgestrekte zone waar we goed georganiseerd en vooral ongestoord handel kunnen drijven? Ook hier stelt zich dus de vraag of er plaats is voor een sterkere vorm van gemeenschapsdenken. Kan de vrijheid van enkelingen wat bijgeknipt worden in de hoop dat de vrijheid van zovelen zou stijgen. Kan dit op sociaaleconomisch vlak en desgevallend ook op identiteitsvlak?

De hoger in dit essay beschreven paradox stelt zich in dezelfde mate in Europa. Naarmate sterke religies zich gaan profileren, wordt de identiteit van Europa een zoektocht naar wat ons toch nog net bindt. Een sokkel van gemeenschappelijke waarden, hoe dun ook, wordt bepaald waarbij men willens nillens wordt geduwd naar het uiterste puntje van het communitarisme. Daar waar men gedwongen wordt een *liberal* houding aan te nemen op mens en maatschappij. Een houding die beschreven staat in de wet en waarboven weinig engagementen mogelijk zijn.

Europa is een heel *liberal* project geworden waar de vrijheid van de eengemaakte markt op economisch en identiteitsvlak dominant is. Dit heeft ook haar invloed op mens en maatschappij. Wanneer de vrijheden wettelijk verankerd zijn en er voor de rest geen loyauteit of engagement verwacht wordt, dan gaat op termijn de samenleving de lucht in.

Spreken over geschiedenis en tradities is daarom noodzakelijk. De samenleving is inderdaad een contract en een partnerschap. Maar het is een partnerschap niet enkel tussen de levenden maar tussen de levenden en de generaties voor hen en tussen de levenden en de generaties die nog moeten geboren worden.[27] Dit kan best zonder moreel superioriteitsgevoel uit te spreken. Immers, het moet één van de vrijheden blijven om moreel te kunnen oordelen, over de eigen standpunten en die van anderen die publiek worden geuit.

Met zijn idee over de *Trias politica* ging Montesquieu uit van een evenwicht en ook een debat tussen de machten. Het idee is dat de verdeling van de macht en de controles en evenwichten die daarmee gepaard gaan, leiden tot een beter resultaat.

Zo ook heeft Europa een rol te spelen in de verdeling van de macht en is er zich als het ware een verticale *quater politica* aan het ontwikkelen. Een regio, een land, Europa en de wereld. Onze loyauteit kan nog moeilijk naar één macht uitgaan. In het spel en de machtsstrijd tussen deze vier machten zit ook iets fundamenteel democratisch. Het vechten voor het laken, in de niet-fysieke zin, zorgt voor een verdeling en bewaken van de vrijheden van elke mens.

Het lot dat we delen met alle mensen op aarde is vaak onbesproken. De rechten en vrijheden zijn vastgelegd maar de engagementen vaak niet. In die laatste categorie past voor velen ook het engagement om bestaande culturen en tradities niet af te breken maar te respecteren. Uiteraard is dit voorwaardelijk aan het met goed gevolg passeren aan ons moreel oordeel. Een volk dat de slavenhandel blijft aanhangen, moet niet op onze bewondering rekenen.

De vraag is natuurlijk onderliggend ook wat de relatie is tussen een eengemaakte markt en identiteit. Is er een verband, ook in onze handelsrelaties? Zullen we in de toekomst toegang tot een eengemaakte markt kunnen aanbieden aan landen die onze engagementen op het vlak van identiteit manifest niet delen?

Vrijhandel brengt op. De economische theorie van Ricardo[28] die de voordelen van de vrijhandel beschrijft, is één van de meest robuuste economische theorieën die er bestaan. Miljarden mensen zijn de laatste tientallen jaren uit de armoede getrokken onder andere dankzij vrijhandel. Het is niet de enige driver geweest en we zijn zeker nog niet waar we moeten zijn.

Vrijhandel is ook niet zaligmakend, er zijn alleen maar voordelen aan indien men twee zaken in de gaten houdt. Men moet zelf competitief zijn en men moet een systeem hebben om de voordelen van vrijhandel eerlijk te verdelen over de bevolking.

Vrijhandel en open grenzen kunnen brutaal zijn en je kan als land maar beter economisch sterk zijn wanneer je de grenzen opent. Ook zijn er op sociaal vlak een aantal aspecten niet te onderschatten. En daar komen we dichter bij identiteit.

Zonder loonbarema's zoals vaak het geval is in de UK en in de VS, komen laaggeschoolden in directe competitie met de wereldmarkt voor arbeid. De sociale ontwrichting die daar uit kan volgen, is groot. Naast loonbarema's is ook een sterke sociale zekerheid nodig. Maar helemaal perfect kan je dat niet organiseren. Dus, ook al is vrijhandel een economisch voordeel, het zal niet automatisch een voordeel zijn voor iedereen. Daarom is het zeker een belangrijk maatschappelijk risico dat goed moet ingeschat worden.

Naast een binnenlandse identiteitskwestie rijst er daarom ook een buitenlandse. Aan wie gun je daarbij die maatschappelijk niet-zo-risicoloze vrijhandel? Aan iedereen of aan de naties die je uit selecteert? Aan landen met wie je op basis van wederkerigheid kan werken of aan landen met wie je je op het vlak van identiteit verbonden voelt? Aan alle landen of aan landen waarvan je moreel vindt dat die een steuntje kunnen gebruiken? Aan landen die engagementen opnemen tot het respecteren van je tradities en geschiedenis of speelt dit allemaal geen rol?

Professor Paul Collier van de University of Oxford pleit in zijn boek The Bottom Billion voor lagere invoerrechten ten gunste van de zwakste ontwikkelingslanden.[29] Hij ziet dat als één van de drijvers om de economisch zwakste één miljard mensen die in condities van de 14e eeuw leven, een beter bestaan te bezorgen.

Sommige landen hebben nu al een droomdeal met Europa en het zijn geen ontwikkelingslanden. Ze mogen hun industriële goederen naar Europa brengen zonder dat er enige politieke inmenging is van Europa in hun binnenlandse politieke en sociale keuzes. Een deal die de Britten ook willen. Een deal die sommige Nederlanders die pleiten voor een exit van Nederland uit de EU ten gepaste tijde dan ook zouden willen.

Je kan als unie van landen in welk los of sterk verband dan ook, niet zomaar gooien met vrijhandel of met de paspoorten. Beiden hebben een morele dimensie. Vrijhandel omdat je moet beslissen aan wie je dit gunt. Een paspoort omdat het een bundeling is van rechten en engagementen t.a.v. een gemeenschap.

Voor mij kan het Europees paspoort geen leeg document zijn. Er hoort heel natuurlijk een ziel bij, een identiteit. Die identiteit is open en respectvol voor andere paspoorten maar het heeft wel een eigenheid. Het kan niet een hebbeding zijn, een leuk gadget met voordelen.

Die identiteit mag geïnspireerd zijn door onze Grieks-Romeinse en religieuze geschiedenis en door de waarden van de verlichting. Deze waarden, universele waarden genoemd, moeten we koesteren en ook promoten binnen de Europese Unie. En dit vereist een inclusieve samenleving, geen optelsom van subsamenlevingen.

Het is een delicate vraag uit hoeveel rechten en ook uit hoeveel engagementen een Europese set van waarden mogen bestaan. Ik vermijd opzettelijk het woord plichten omdat engagementen een grotere morele kracht heeft dan opgelegde plichten. Een plicht is eigenlijk een stukje morele wet zonder het een wet te noemen. Een engagement heeft een sterke connotatie van spontaneïteit, het is die spontaneïteit die een samenleving doet draaien.

Eén van de belangrijke engagementen is het respecteren van de vrijheid van anderen. En een basisvrijheid is de vrijheid van het moreel kunnen omarmen van alle mensen in die Europese unie. Daarvoor zijn een aantal universele en gemeenschappelijke waarden en sociale normen nodig die niet absoluut en niet lineair zijn.

Met die complexe afwegingen omgaan en vrijheden niet als absoluut zien zal geen gemakkelijke opdracht zijn maar is noodzakelijk als voorwaarde tot een vredelievende en inclusieve samenleving.

Wanneer mensen opkomen voor een Europese identiteit dan bedoelen ze ook niet dat Europa het monopolie zou hebben op de identiteit van haar inwoners. De meeste mensen hebben hun identiteit opgeborgen in verschillende kasten: hun dorp, hun regio, hun land, hun continent, hun spiritualiteit en de ganse wereld. Ze zijn bijvoorbeeld een beetje Gentenaar, een beetje Vlaming, een beetje Belg en een beetje wereldburger. Er zijn zeker nog meer mogelijkheden en oneindig veel variaties in die meervoudige identiteit.

Het is, zonder een te strak advies te willen geven, beter om identiteit niet in één kast te stoppen. En zeker al niet om iemand anders op te leggen zich te reduceren tot enkelvoudige identiteit.

Voor de mens zelf in de eerste plaats, meervoudige identiteit laat de deur open voor dialoog en waar gepast, debat met identiteiten van andere mensen. Het helpt om begrip te hebben voor het standpunt van anderen en is ook gewoon interessant. Wellicht zullen sommigen argumenteren dat wanneer men de volledige identiteit in één kast heeft gestopt, niets verhindert om open te staan voor anderen. In principe kan dit kloppen maar zeker vragen ze ook aandacht voor het volgende idee. Wanneer iemand de volledige identiteit in één kast heeft gestopt, de ander dit gemakkelijk kan voelen en vaak zien en daardoor niet zo enorm uitgenodigd wordt tot dialoog of debat.

Nochtans is debat nodig. Het noodzakelijke principe van de scheiding van kerk en staat kan niet betekenen dat ieder zijn ding doet in een zuil of silo zonder dat de ander daarover in debat kan gaan. Wanneer de staat via het parlement tot een *liberal* standpunt over een ethisch thema zou beslissen, dan is het gepast in de publieke ruimte van pers en democratie dat de kerk daarover haar opinie naar voor brengt. Het spiegelbeeld is dat wanneer de kerk, of minder arbitrair, religies, een standpunt naar voor zouden brengen dat in conflict komt met de visie van het parlement op mens en samenleving, dat het parlement haar visie kan brengen. De scheiding van kerk en staat kan niet betekenen dat ieder zijn ding doet zonder debat. Net zoals het niet de bedoeling was dat de scheiding der machten zou betekenen dat iedere macht zijn gang gaat zonder rekening te houden met de andere macht.

Ook op het vlak van identiteit moet er geen scheiding van identiteiten zijn waarbinnen ieder zijn ding doet. De Europese unie is naast een economische ruimte daarom ook een morele ruimte. Zonder deze connectie tussen haar burgers en Europa zelf, gaat het Europese project de lucht in. Debat is nodig, *checks and balances* zullen tot een beter resultaat leiden. Het zich afschermen van dit debat is een vorm van uniformering die de beschaving niet verder zal helpen en is ook daarom schadelijk voor een samenleving van de toekomst. Eigenlijk zou iedereen moeten aanvoelen dat men omzichtig zou moeten zijn met het dagdagelijks communiceren van zijn eigen waarden en normen. Morele overwegingen mogen zeker de basisinspiratie vormen van elk denken. Maar ze kunnen niet een exclusieve a priori communicatie zijn, een voorafname van elke vorm van moreel omgaan met elkaar. Want een samenleving is nog steeds een unie van mensen die in vrijheid met elkaar willen omgaan en in vrijheid met elkaar willen samenleven.

> Voor veel mensen is de liefde voor Europa groot. De staatkundige discussies kunnen die waardering nooit in de schaduw stellen.
>
> Naarmate sterke religies zich gaan profileren, wordt de identiteit van Europa een zoektocht naar wat ons toch nog net bindt.
>
> Europa is een heel *liberal* project geworden waar de vrijheid van de eengemaakte markt op economisch en identiteitsvlak dominant is. Dit heeft ook haar invloed op mens en maatschappij.
>
> Deze waarden, universele waarden genoemd, moeten we koesteren en ook promoten binnen de Europese Unie. En dit vereist een inclusieve samenleving, geen optelsom van subsamenlevingen.
>
> De Europese unie is naast een economische ruimte daarom ook een morele ruimte. Zonder deze connectie tussen haar burgers en Europa zelf, gaat het Europese project de lucht in.

6. Over de seculiere en de neutrale samenleving

EEN VERBOD IS een ultieme remedie en een inbreuk op de vrijheid die we nochtans zo groot mogelijk wilden houden voor zoveel mogelijk mensen. Kunnen we daarom alternatieve beslissingen nemen die minder ingrijpend zijn? Is het ook mogelijk de inclusieve samenleving in stand te houden via een andere weg?

Is er een beter antwoord via het concept van een seculiere- of via het idee van een neutrale samenleving?

6.1 De seculiere samenleving

Een traditioneel concept van de strikt seculiere samenleving gaat niet uit van een a priori positieve houding t.a.v. religie.

In de traditie van Rousseau vindt men dat religie niet in de publieke ruimte thuis hoort. Nochtans was Rousseau niet compleet tegen het christendom. Hij schreef in *Du Contrat Social* dat religie best een mooie aangelegenheid kan zijn wanneer het privaat en dicht bij de ziel van de mens kan beleefd worden: "*Door deze heilige, verheven en waarachtige godsdienst erkennen alle mensen, kinderen van dezelfde God, elkaar als broeders en vormen gemeenschap die zelfs de dood niet vermag te ontbinden.*"[30] Maar zelfs dan, in de private sfeer, ziet hij religie als in strijd met een maatschappelijke levenshouding.

Over het instituut van de kerk was hij nog minder positief. Rousseau stelde daarom voor om een nieuwe burgerlijke moraal op punt te zetten, niet meer geïnspireerd door religieuze motieven maar volgens een aantal beginselen die in een sociaal contract afgesproken zouden worden tussen gelijke burgers. Deze afspraken gingen bijvoorbeeld over 'het toekomstig leven, het geluk van de rechtvaardigen, de straf voor de boosdoeners, de heiligheid van het maatschappelijk contract en de wetten…'.[31]

De vraag is nu of de seculiere staat een antwoord kan bieden aan het groeiende probleem van de wij-zij tegenstelling en de bedreiging t.a.v. de inclusieve samenleving. Kan een seculiere staat een religie op weg naar een monopolie stoppen? Het antwoord is neen en dat om verschillende redenen.

Ten eerste omdat een seculiere staat sterk gebaseerd is op vrijheden. In wezen is het een *liberal* concept en geen communitaristisch. In een seculiere staat gaat men heel ver in het verdedigen van de individuele vrijheden en spreekt men minder over engagementen t.a.v. het collectief. De engagementen zijn immers in de traditie van een sociaal contract vervat in de grondwet of in de wet. Zolang die wetten gerespecteerd worden, laat men de interpretatie over aan de rechterlijke macht en zal men niet meer moreel oordelen. Het is moeilijk om nog een onderscheid te maken tussen de sociologische afgeleide effecten van religie wanneer men reeds krachtig geponeerd heeft dat men tegen alle religie is. Men staat als het ware randje buitenspel om nog goed te kunnen oordelen. Wanneer men tegen voetbal als dusdanig is, wordt het iets moeilijker om de sociologische effecten van de ene voetbalvereniging te vergelijken met die van een andere of om de socio-culturele impact van voetbal in zijn geheel op objectieve wijze te benaderen.

In dat perspectief is men immers vrij eens de wet wordt gevolgd en verder zijn er weinig andere concrete verwachtingen. Dit is ook de zwakte van een samenleving die enkel steunt op een sociaal contract. Op welke morele basis kan je dan een appel doen op de burgers van de samenleving?

De vrijheid van religie is wel geconditioneerd door 'het sterk aanwezige beginsel van de seculiere staat. Maar in de praktijk betekent dit slechts dat er geen subsidies (of privileges) worden toegekend aan religies.

Men is in een seculiere staat wel geen voorstander van religie en zal dat wel laten merken door het niet te promoten. Maar dat is niet de uitdaging die we moeten oplossen. Het probleem is immers niet dat mensen open staan voor spiritualiteit. Spiritualiteit helpt in zekere zin om aan gemeenschapsvorming te doen omdat de diverse soorten van religie vormen van solidariteit en broederschap promoten.

Het probleem dat we moeten oplossen is niet een teveel aan spiritualiteit of religie. Religie moet niet gebannen worden. De vraag is eerder hoe de samenleving leefbaar kan gehouden worden, hoe de harmonie in stand kan gehouden worden en wat, genuanceerd bekeken, het beste is voor onze samenleving. Samenleven is niet zo vanzelfsprekend als het ooit was en inspireren tot gemeenschapsgevoel is vandaag de dag van een andere orde dan vroeger.

De kern van de zaak is voor velen dat sommige religies dag-in dag-uit publiek gepromoot worden en dat dit leidt tot een verdeelde samenleving. Die ongebreidelde vorm van proselitisme is voor hen problematisch. Doordat sommige religies continue aan promotie doen, komen mensen onder druk in hun vrijheid. Het is dus eerder, met mijn excuses voor de oneerbiedigheid, een teveel aan *'sales & marketing'* dat het probleem is. Een vorm van ongewenste publiciteit die verder gaat dan enkel het inlichten van de medeburgers over een set van waarden.

Het niet verlenen van sympathie aan religies is kenmerkend voor een seculiere staat die geen financiële steun wil geven aan religies, in tegenstelling tot in landen zoals België. Indien de overheid geen subsidies meer zou geven aan religies, dan hindert dat die sterke religie niet, integendeel, er zijn immers buitenlandse financieringsbronnen. Het is zelfs erger: zonder overheidssubsidies heeft een buitenlands gefinancierde religie een competitief voordeel t.a.v. de andere religies.

Ook het traditioneel aangekaarte concept van een strikte scheiding van kerk en staat brengt geen soelaas. Immers, een religie op weg naar een monopolie zal dat principe huldigen zolang het geen 51% heeft bereikt en dan het moment gekomen, op democratische manier datzelfde principe wegstemmen – zelfs met stevig verankerde constitutionele garanties is zulk een scenario niet helemaal ondenkbaar. De weg naar meer aandeel ligt dan vrij open. De vraag is of men zich dan veel zal aantrekken van de belangrijke principes uit de verlichting. Met name het idee dat alhoewel juridisch gesproken een meerderheid kan beslissen wat ze wil, ze toch moreel gesproken rekening moet houden met de minderheid en moet doen wat goed is voor het ganse volk.

Ook heeft de scheiding van kerk en staat een dimensie die vaak niet vermeld wordt. De Lammenais pleitte in de negentiende eeuw voor die scheiding, maar dan wel vanuit het idee van een volledig vrije religie in een vrij land. Toen het katholicisme zeer sterk stond, was het in het voordeel van die sterke en wellicht dominante religie om een scheiding van kerk en staat te hebben. Dit *liberal* principe zorgt er natuurlijk voor dat er geen ongepaste inmenging rond het parlement om is van religieuze leiders of structuren in de politieke beslissingen, wat door iedereen zal ondersteund worden. Maar tegelijkertijd zegt het dat de religie geheel vrij is om zich te ontwikkelen en dat er geen beperkende beslissingen kunnen zijn vanuit het parlement. De gemeenschap en het gemeenschapsdenken kunnen m.a.w. niet beschermd worden met dit *liberal* principe.

De seculiere samenleving in al haar gradaties bood een zekere bescherming voor ongelovigen in een samenleving met een sterke meerderheid aan gelovigen.

In de huidige en nieuwe context biedt de puur seculiere samenleving met een strikte scheiding van kerk en staat geen duurzame bescherming aan ongelovigen, noch aan gelovigen van een kleinere religie. Ze zullen door de vrije markt worden weggeduwd door de dominantere religie.

> **Kan een seculiere staat een religie op weg naar een monopolie stoppen? Het antwoord is neen en dat om verschillende redenen.**
>
> **Het probleem dat we moeten oplossen is niet een teveel aan spiritualiteit of religie.**

6.2 De neutrale samenleving

Een neutraal samenlevingsmodel bereikt op iets betere wijze de vereisten om te komen tot een vrije én inclusieve samenleving. In een neutrale samenleving zal een overheid in principe geen enkele godsdienst bevoordelen tegenover een andere godsdienst en gelovigen ook niet bevoordelen of benadelen tegenover niet-gelovigen. Overheidssubsidies voor religies worden er traditioneel wel getolereerd in de mate dat ze aan elke religie en ook aan de niet-gelovigen of a-gelovigen eerlijk worden toebedeeld.

Door die overheidssubsidies zal een bredere en wellicht meer geseculariseerde religie langer in stand gehouden worden dan haar praktiserende aandeel zou rechtvaardigen. Een soort subsidie voor een noodlijdende industrie als het ware. Dit kan een opkomende religie tijdelijk wat tegenbalanceren.

Maar fundamenteel is een neutrale samenleving ook een *liberal* samenleving. Er is vrijheid van religie wat een goede zaak is. Maar een neutrale samenleving zal net zoals een seculiere samenleving een religie op weg naar een monopolie niet kunnen stoppen.

In een neutrale samenleving is het respect voor wie openstaat voor spiritualiteit groter dan in een strikt seculiere samenleving. En men gaat er van uit dat men niet dezelfde spirituele waarden moet delen om er voor open te staan. De fundamentele belofte is dat men alle religies op dezelfde voet zal behandelen. Men komt niet tussen om één religie te bevoordelen t.o.v. de andere religies. Wanneer men subsidies toekent, dan zal dit gebeuren via objectieve erkenningscriteria. Een neutrale samenleving kan ook subsidies toekennen aan organisaties die tegen religie zijn. Dit is het geval in België en wordt verantwoord vanuit een poldermodel-visie. Men verdeelt de middelen zo eerlijk mogelijk en zorgt er voor dat niemand op dat vlak gediscrimineerd wordt.

De facto is er een positieve houding t.o.v. religie. Men erkent de positieve werking van religie in en op het sociale middenveld in de samenleving. In de mate dat de religies solidariteit en broederschap promoten, worden ze gezien als steunpilaren van het leven in een gemeenschap. In een meer *liberal* benadering zoals in de strikt seculiere samenleving, zou dit ondenkbaar zijn. Aanhangers van een neutrale samenleving zijn vaak geen *liberals* maar eerder zachte communitaristen die religie stimuleren omdat religie op haar beurt wordt gezien als een stimulans voor het communitarisme. Ze erkennen het positieve van religie op de maatschappij en in de scholen ook al zijn er diverse religies. Aangezien er diverse religies zijn, begrijpen ze vanuit een historische context ook goed dat het niet verantwoord zou zijn dat één religie een directe en bevoorrechte invloed zou hebben op de politiek.

Wat is dan het antwoord op een dreiging van splitsing van de samenleving door sterk opkomende religies in een neutrale samenleving?

Vooreerst hoopt men op secularisering. Men maakt de vergelijking met het katholicisme en men verwacht dat met de tijd meer en meer leden van sterke religies zullen seculariseren. Hierbij wordt er volgens sommigen vaak een onderschatting gemaakt van de tegenstroom vanuit de sterke promotie, vaak ook vanuit het buitenland, van een aantal sterke religies.

In een neutrale samenleving en in een zachte vorm van communitarisme durft men ook sociale normen naar voor brengen. Men noemt ze rechten en plichten. Dit klinkt een beetje streng maar het idee is dat via integratie eventuele nieuwkomers zich zachtjes aan zullen aanpassen en inpassen in de samenleving. Men promoot een politiek van integratie maar niet van assimilatie. Dit laatste zou men eerder verwachten in een beleid van nationalisten.

De kritiek die hier op te geven is, is de vanzelfsprekendheid dat men de bestaande sociale normen van het land of regio naar voor schuift. Dit vanuit het idee dat wie eerst was in een land of er al het langst woont, en alle oorlogen en veldslagen gewonnen heeft, het recht heeft om de heersende sociale normen te formuleren. Men verwacht respect voor de bestaande tradities en verwacht dat wie er bij komt, zich zal aanpassen i.p.v. andersom.

Tussen religies kiezen zal men niet doen omdat religie een vorm is van spiritualiteit en dus een zekere sympathie wegdraagt. Wettelijk zal men zo weinig mogelijk tussenkomen, een vorm van *liberalism*. Dat *liberalism* is niet te merken in een overwicht van rechten over engagementen. Want een neutrale samenleving en het daarbij horende gemeenschapsdenken zal sterk inzetten op engagementen en ze zelfs plichten noemen. Door ze plichten te noemen, is er zelfs weinig discussie over waar de sociale norm zich bevindt.

Wettelijk tussenkomen zal niet gemakkelijk gebeuren en men zal zeker geen onderscheid maken tussen diversiteit en dominant gedrag. De consequentie daarvan is dat de gematigde en stille promotie er is voor elke religie is en dat men geen moreel onderscheid kan en wil maken tussen goede of minder goede religies of gebruiken ten aanzien van een inclusieve samenleving.

Wat kan dan nu het nadeel zijn van het idee van een neutrale samenleving? Wat kan er verkeerd gaan wanneer men neutraal is, sympathie heeft voor alle religies en daarbij een vorm van communitarisme promoot? Het door sommigen aangevoelde nadeel is dat wanneer er een opkomende religie is, men geduwd wordt naar het uiterste puntje van het gemeenschapsdenken, namelijk daar waar er een raakvlak is met het *liberalism*.

Men zorgt er namelijk voor dat iedereen een gelijke start heeft en iedereen op eenzelfde manier mogelijkheden heeft om te groeien en te bloeien. De vrije markt voor ondernemers wordt als het ware getransponeerd op religieus vlak. Men zorgt voor een gelijk speelveld en de kous is af.

Wanneer er een al sterke religie is die flink groeit, dan komt er de urgente vraag waar de gemeenschappelijke waarden zijn die de samenleving kan verbinden in een echte samenleving. Een samenleving kan slechts functioneren als er gemeenschappelijke waarden zijn. De zoektocht naar een sokkel van gemeenschappelijke waarden wordt aangevat. Dan is het zo dat één zijde wel haar wensen te goeder trouw kan uitdrukken maar je moet met twee zijn om de tango te dansen.

Naarmate één belangrijke religie steeds maar rechtdoor gaat, zonder veel contact met de andere, wordt die zoektocht moeilijker en moeilijker. In de mate dat men te veel van elkaar verschilt, zal men verglijden naar slechts die waarden die reeds in de wet staan en komt men uit bij *liberalism*. Dit staat mijlenver van het communitarisme waar men initieel voor opkomt. Dit kan uiteindelijk uitmonden in een politieke en sociale paradox met verstrekkende gevolgen.

Voor alle sociale normen daarboven zal men geen doorsnede meer hebben met de sterke religie als die sterke religie geen interesse meer heeft in gemeenschappelijke waarden.

Denk daarbij als bij een Venn diagram. De linkerkant (neutrale samenleving) zal wel een doorsnede hebben met de rechterkant (sterke religie) maar die doorsnede zal voornamelijk ingevuld zijn door de linkerkant. Hoe hard de linkerkant zich ook inspant om een grote doorsnede te maken, de rechterkant zal daar te weinig actief zijn en alle inspanningen richten op het zo groot mogelijk worden van de zuivere rechterkant.

Dit is een frustrerende situatie want wie ijvert voor een zo groot mogelijke doorsnede zal door de rest van de samenleving voor naïef worden versleten. Nochtans doen zij de grootste inspanningen, lopen zij de langste afstanden om de samenleving in stand te houden.

De neutrale samenleving bevat een constructiefout. Ze kan geen onderscheid maken tussen religies omdat ze de vrijheden moet behandelen alsof ze lineair zijn. Men kan niet wettelijk tussenkomen omdat de vrijheid van religie van het allerhoogste belang is om haar communitaristische visie op de samenleving intact te houden. Ze kan geen onderscheid maken tussen diversiteit en dominant gedrag en wordt geduwd naar een *liberal* houding die voor haar niet natuurlijk is.

Een samenleving kan niet neutraal blijven bij monopoliserend gedrag. Ze mag een *liberal* houding aannemen gebaseerd op een consequente ijver voor meer vrijheid. Maar zoals economische vrijheid werkelijke en oprechte vrijheid moet zijn, geldt dit ook op filosofisch en identiteitsvlak.

> De neutrale samenleving bevat een constructiefout. Ze kan geen onderscheid maken tussen religies omdat ze de vrijheden moet behandelen alsof ze lineair zijn.
> Een samenleving kan niet neutraal blijven bij monopoliserend gedrag.

6.3 De respectvolle samenleving

De strikt seculiere samenleving onderkent volgens tegenstanders te weinig de gemeenschapsvormende aspecten van religie. Ook is er in dit model te weinig respect voor de individuele keuze die men maakt om zich als mens al dan niet te verbinden met spiritualiteit.

De neutrale samenleving beschermt zich volgens critici te weinig tegen dominant gedrag van sommige religies. De aangeboden religie vrijheid komt in botsing met de vrijheid van anderen om iedereen te omarmen in de samenleving. Ze laat ook te veel mogelijkheden om zich vrijwillig af te scheiden van de samenleving en sub-samenlevingen te stichten. De zorgzame samenleving komt hiermee onder druk omdat de morele band met die sub-samenlevingen kleiner is dan met de grotere samenleving.

Indien de seculiere en de neutrale samenleving, gegeven de uitdagingen van onze eeuw, niet voldoen als optimaal samenlevingsmodel, wat is dan het alternatief?

Een alternatief model dat ik als de respectvolle samenleving wil definiëren, moet als constructieve visie evenwichtig interlevensbeschouwelijk samenleven opnieuw mogelijk maken. De leefbaarheid en de architectuur van de samenleving staan daarbij centraal.

Het gaat er van uit dat het evenwicht dat verstoord was, opnieuw hersteld kan worden. Daarbij moet er niet vermaakt worden wat niet kapot was. Het heeft volgens deze denkwijze dus geen zin naar een totaal seculiere samenleving te gaan waar in de publieke ruimte geen enkel spoor van spiritualiteit zichtbaar zou blijven. Het gras moet dus niet tot op het laatste sprietje afgebrand te worden. Want ook in sociale en economische thema's is het keer op keer bewezen dat extreme, bijvoorbeeld marxistische benaderingen, niet tot een verbetering van het lot van gewone mensen heeft geleid.

Tegelijkertijd heeft de geschiedenis bewezen dat in sociale en economische thema's het laten groeien van de sprieten tot waar ze maar konden groeien, geen goede raadgever was en ook een bron van extremisme. De vrijheid tot in het extreme beleven, leidt steeds tot het recht van de sterkste en is niet respectvol naar mensen toe die men tot de samenleving rekent. Die vrijheid leidt niet tot een harmonieuze samenleving waar elk individu zijn waardigheid kan behouden. Het is fair te stellen dat een sterke sociale en economische welvaartsstaat met een evenwichtige visie op verdelende rechtvaardigheid en een hoge sociale mobiliteit tot de meest succesvolle en respectvolle maatschappijmodellen heeft geleid. Deze gaan gepaard met een sterk gevoel van samen leven.

Ook in levensbeschouwelijke thema's moet daarom een evenwicht gevonden worden waarbij een eerlijk en gelijk speelveld voor alle religies centraal staat. Monopolievorming – zoals in de economie – is uit den boze. Om dit te verhinderen zullen dus, in proportie tot het probleem, maatregelen moeten worden genomen. Dit redelijk tussenkomen kan gebeuren vanuit een zachte maar kritische sympathie voor spiritualiteit en hoeft dus niet vanuit een strikt seculier samenlevingsmodel gestuurd te worden. De seculiere samenleving zal het trouwens eerder moeilijk hebben om genuanceerde en proportionele maatregelen te verdedigen.

Tussenkomen is rechtvaardig omdat er op een bepaald moment een evenwicht was van interlevensbeschouwelijk samenleven dat vandaag is verstoord. Dit redelijk interventionisme moet ingetoomd zijn en in verhouding tot het probleem dat we willen oplossen.

Wettelijk tussenkomen in levensbeschouwelijke materie is uiteraard niet de eerste oplossing voor een beleidsmaker. Respect had gesuggereerd dat mensen zouden aanvoelen dat het niet gepast is in een diverse samenleving om op elk tijdsstip van de dag de levensbeschouwing zichtbaar te uiten. En velen hadden misschien terecht gehoopt dat na verloop van tijd, het dragen van religieus zichtbare tekens in sterke religies zou verminderen. Het tegendeel lijkt waar en wie betoogt dat de diverse strekkingen in de sterke religies elkaar op dat vlak opjutten, lijkt tot op vandaag gelijk te krijgen. De ontgoocheling in wat empirisch waar te nemen is als monopoliserend inpalmen van het straatbeeld, is een bijkomend argument voor het wettelijk tussenkomen.

Dominante wereldreligies kunnen moeilijk door wetten worden gestopt. Net zoals grote multinationals moeilijk kunnen worden bestreden wanneer ze steeds de zwakkere plekken in landen of continenten zoeken om hun doel ongestoord te bereiken. Bij multinationals zoekt men met vallen en opstaan naar een tegenmacht die de ongebreidelde drang enigszins kan inperken en inbedden. Dit is geen gemakkelijk proces omdat er geargumenteerd wordt vanuit de waarde van vrijheid. Bij een dominante wereldreligie ligt dit allemaal nog moeilijker aangezien er geen evidente en democratisch gedragen tegenmacht is.

De vraag is nu welke de engagementen van wereldreligies kunnen zijn die men buiten de wet om zou kunnen verwachten. Welke spontane ingesteldheid zou men graag zien om de wereldgemeenschap te doen draaien? Zoals bij een respectvolle samenleving in een land, moet ook hier een sokkel van gemeenschappelijke waarden gevonden worden. Het is gemakkelijker en tegelijkertijd moeilijker voor de ganse wereld dan in een land. Er is niet onmiddellijk een grondwet of een wet om die te definiëren. En stel zelfs dat we die wet zouden hebben, dan zoeken we eigenlijk naar waarden die voorbij de wet, *beyond-the-law*, gaan. We zoeken niet alleen naar de rechten die in verdragen en conventies vastgelegd zijn maar ook naar wat spontane engagementen zouden kunnen zijn. Hoe een sterke wereldgemeenschap bouwen? Dit kan niet alleen op basis van rechten gebeuren maar zal ook op basis van spontane engagementen moeten verwezenlijkt worden.

Een zekere terughoudendheid in de marketingactiviteiten moet daar zeker bij zitten. Bijna elke wereldreligie heeft een proselitische basishouding en menig gelovige zal als één van de basisverwachtingen het uitdragen van het geloof meegekregen hebben. Maar hoe ver kan dat redelijkerwijze reiken? Omhelst dit ook begrip voor het doorbreken door sterke religies van de inclusieve samenleving in andere landen?

Hoe gevoelig is men er voor dat de morele band met de wereldgemeenschap zal breken wanneer in de wereld ijzersterke sub-gemeenschappen zullen opduiken? Wat zijn de te verwacht effecten wanneer dit gebeurt?

Op sociaal en economisch vlak bestaan er engagementen die op de proef zullen gesteld worden. Immers, hoe kan men blijven verdedigen dat er sociale en economische solidariteit moet zijn met gemeenschappen die een set van waarden zou hebben die volledig tegengesteld is of zelfs vijandig aan diegene die men zelf heeft?

Volgens velen zal er dan een situatie uitbreken die volledig vergelijkbaar is met wat er zou gebeuren in een land apart wanneer daar de samenleving splitst. Men zoekt koortsachtig naar gemeenschappelijke waarden en om dat beginsel hoog te houden, wordt men gedwongen zich op het uiterste puntje van de as van het gemeenschapsdenken te gaan plaatsen: de plaats waar er raakvlakken zijn met het *liberalism.* Het internationale gemeenschapsdenken zal onder druk komen en daardoor ook de internationale mechanismen tot solidariteit, waar die al beginnend bestaan.

Wereldreligies zouden zichzelf de vraag moeten stellen of ze de wereldgemeenschap dienen door zich hard en zichtbaar te profileren. Of door strekkingen te sponsoren die gemeenschappen in andere landen en continenten doen teloorgaan en doen splitsen. In elk geval geeft het voor velen niet altijd de indruk dat men bekommerd is om de wereldgemeenschap of om een gedeeld wereldwijd lot.

Voor sommigen wordt de solidariteit die betoond wordt door mensen op te vangen uit oorlogsgebieden niet voldoende beantwoord. Een sterk antwoord zou volgens hen een meer redelijke houding t.a.v. de andere religies en andere sets van waarden veronderstellen. De zoektocht naar een sokkel van gemeenschappelijke internationale waarden is indien mogelijk nog moeilijker dan de zoektocht binnen één land. Ten minste, wanneer die gemeenschappelijke waarden verder moeten reiken dan het zuiver volgen van internationale wetten en conventies.

Het versterken van het gemeenschapsdenken moet los worden gezien van een extreme en nationalistische visie op mens en samenleving. Vrijheid is daarbij het kernwoord. Zeker, de opgetelde vrijheid van één groep individuen moet het wel nog mogelijk maken dat de vrijheid van iedereen zo onaangetast mogelijk blijft. Een mogelijk pijnpunt want wanneer opgetelde en goedbedoelde vrijheid van individuen leidt tot uniformering, dan hebben we een probleem op te lossen. Toch kan het antwoord op dreigende uniformering moeilijk nationalisme zijn. Het antwoord op uniformering kan immers moeilijk een andere soort uniformering zijn. Indien we een dreigende uniformering in een deel van de samenleving beantwoorden met uniformering in een ander deel van de samenleving, zullen de twee elkaar versterken.

Sommigen zullen terecht opmerken dat voor een aantal wijken het verbod op grote en zichtbare religieuze tekens te laat komt. In andere wijken zal men met goede redenen suggereren dat het te vroeg is. Er is nu voor veel anderen een gevoel dat we een kantelmoment bereiken, nog veel later tussenkomen zal te laat zijn. Een aantal argumenten om te wachten zijn in de loop der jaren uitgehold. Met de secularisering waar velen op hoopten, gaat het de andere kant uit. Een verbod dat dertig jaar geleden zou voorgesteld zijn, zou men wellicht als niet-proportioneel aangevoeld hebben, maar wanneer de feiten en context veranderen, moeten we onze houding ook bijstellen.

Sommigen zullen argumenteren dat deze analyses schromelijk te laat gemaakt werd. We veronderstellen dat ze de eerlijkheid zullen hebben om het onderscheid te maken tussen haalbare en evenwichtige oplossingen en extreme voorstellen. Tussen beperkt en proportioneel tussenkomen en *de facto* deportatie. Niemand heeft een monopolie op de onbehaaglijkheid van het waarnemen van te veel en te grote religieuze tekens. Niemand heeft ook een alleenrecht op een oplossing. Maar de menselijke waardigheid moet in elk van de voorstellen wel gerespecteerd worden. Menselijke waardigheid en respect is een lineair sociaal basisrecht dat elke mens moet kunnen afdwingen. Sommigen zouden het omschrijven als een categorieke bepaling waar geen enkele mens rond kan.

Anderen zullen vrezen dat we door nu tussen te komen, we zelf onze principes de lucht in blazen. Over dit gevaar zegt Savater in het algemeen: "Luister dan naar de enige raad die ik je wil geven: zaai vandaag niet wat je morgen niet wil oogsten; verval nu niet in onderdrukking om straks meer vrijheid te bereiken, laat het wapengekletter niet toenemen met als doel de mens ooit te verlossen van geweld, hanteer nu niet de leugen als instrument om morgen in waarheid te leven – dat loopt nooit goed af."[32]

Een appellerende quote die gezonde twijfel kan zaaien over wat nu te doen. Hoe ver gaan we en in welke mate kan het beleid dat we voeren zich ooit tegen ons keren? In elk geval moeten we in redelijkheid en proportioneel te werk gaan.

"Verdraagzaamheid heeft nooit aangezet tot burgeroorlog; onverdraagzaamheid heeft overal op aarde bloedbaden aangericht."[33] schreef Voltaire terecht. Hij schreef ook, over de flagellanten: "Maar er is veel meer: die kleding is het uniform van geloofsstrijders waarmee men de tegenstanders aanspoort zich te wapenen; het kan ophitsen tot een soort geestelijke burgeroorlog en die zou weer kunnen leiden tot rampzalige excessen."[34] Niemand kan zo verwaand zijn om Voltaire voor zijn kar te spannen zullen velen terecht zeggen. Het lijkt er wel op dat hij pleit voor religieuze verdraagzaamheid maar zijn sterke afkeur uitspreekt voor impliciet en expliciet religieus fanatisme. Deze laatste twee stellingnames in onze moderne tijden verzoenen is een uitdaging. Het hangt er van af hoe sterk we van het volgende overtuigd zijn: wanneer zou blijken dat we empirisch kunnen vaststellen dat ongebreidelde verdraagzaamheid ons via tussenstappen naar een samenleving van ongebreidelde onverdraagzaamheid dreigt te brengen, moeten we dan nu reeds redelijk en proportioneel interveniëren?

Een gemeenschapsgerichte samenleving moet op een bepaald ogenblik wettelijk interveniëren want anders gaat ze er zelf aan. Dit moment is nu aangebroken. We staan op een speciaal moment en gradueel en beperkt tussenkomen is gepast.

> **De strikt seculiere samenleving onderkent volgens tegenstanders te weinig de gemeenschapsvormende aspecten van religie.**
>
> **De neutrale samenleving beschermt zich volgens critici te weinig tegen dominant gedrag van sommige religies.**
>
> **Een alternatief model dat ik als de respectvolle samenleving wil definiëren, moet als constructieve visie evenwichtig interlevensbeschouwelijk samenleven opnieuw mogelijk maken.**
>
> **Tegelijkertijd heeft de geschiedenis bewezen dat in sociale en economische thema's het laten groeien van de sprieten tot waar ze maar konden groeien, geen goede raadgever was en ook een bron van extremisme.**
>
> **Anderen zullen vrezen dat we door nu tussen te komen, we zelf onze principes de lucht in blazen.**
>
> **Een gemeenschapsgerichte samenleving moet op een bepaald ogenblik wettelijk interveniëren want anders gaat ze er zelf aan. Dit moment is nu aangebroken. We staan op een speciaal moment en gradueel en beperkt tussenkomen is gepast.**

6.4 *De verzorgingsstaat is nodig voor een sterk gemeenschapsgevoel*

De verzorgingsstaat is nodig voor een sterk gemeenschapsgevoel als een bijzonder onderdeel van de respectvolle samenleving. De leden van die samenleving verwachten dat ze voor haar zorgt op een aantal cruciale momenten. Het is niet geloofwaardig om je medeburger of lid van de samenleving te doen noemen wanneer er geen kans is om te studeren volgens capaciteiten. Of wanneer de samenleving je in de steek laat wanneer je haar het hardst nodig hebt:

wanneer je ziek bent. Het zich medeburger voelen of oproepen tot gemeenschapsgevoel kan onmogelijk zonder dat de samenleving tussenkomt wanneer de leden in nood zijn of haar nodig hebben. Dit negeren staat gelijk met het doorknippen van de morele band tussen de mensen en hun samenleving.

In die zin is het thema van verdelende rechtvaardigheid van cruciaal belang. Ofwel kan men geloofwaardig argumenteren dat we die rechtvaardigheid nu al hebben. Ofwel moet men de nodige maatregelen nemen om die rechtvaardigheid te herstellen. Een andere oplossing is er niet wil men de steun van de jonge en andere generaties voor de respectvolle samenleving niet verliezen.

Ook zelfs een klein beetje verzwakken van de prestaties van de verzorgingsstaat moet om de volgende redenen in het oog gehouden worden: als de sociale zekerheid faalt, dan verzwakt de morele band met de samenleving. Springt die band, dan springt de samenleving. De sociale zekerheid is dus veel meer dan een heel grote verzekeringsmaatschappij.

> **De leden van die samenleving verwachten dat ze voor haar zorgt op een aantal cruciale momenten.**
> **Springt die band, dan springt de samenleving. De sociale zekerheid is dus veel meer dan een heel grote verzekeringsmaatschappij.**

6.5 *Een sterk gemeenschapsgevoel is nodig voor een verzorgingsstaat*

Een sterk gemeenschapsgevoel is nodig voor een verzorgingsstaat[35] en ze is eveneens een bijzonder deel van de respectvolle samenleving. De leden van die samenleving verwachten dat de andere leden zich te goede trouw inspannen om het inclusieve karakter van de samenleving te bestendigen. Het vormen van sub-samenlevingen gebaseerd op een andere set van waarden zal op termijn mogelijks de verzorgingsstaat van het continentaal Europese type ten gronde richten omdat ze de morele band tussen de mensen en hun samenleving te zwak maakt. Die band is cruciaal om de nodige loyauteit t.a.v. de samenleving op peil te houden en verdient daarom de bescherming die ik voorstel.

> **De leden van die samenleving verwachten dat de andere leden zich te goeder trouw inspannen om het inclusieve karakter van de samenleving te bestendigen.**

7. Tot slot

R ELIGIE KAN EEN samenleving helpen schragen omdat de spirituele waarden die gepromoot worden, vaak overeen komen met de gemeenschapswaarden die nodig zijn om communitaristisch – samenlevingsgericht – te leven.

Respect voor religie mag eindeloos zijn, maar het denken er over mag niet eindeloos optimistisch zijn. In de mate dat religie toegepast wordt in een samenleving en daarmee ook vanuit sociologisch perspectief te analyseren en op te volgen valt, heeft iedereen een recht er zijn mening over te uiten.

De vrijheid van religie is een fundamenteel mensenrecht maar wanneer dit recht als een grotere groep, op collectieve wijze, wordt uitgeoefend, moet men de nodige zorg besteden aan de vrijheid van anderen. In dit essay toonde ik aan dat de vrijheid van religie een niet-lineair mensenrecht is dat afbuigt waar de vrijheden van anderen beginnen.

We staan momenteel op een kantelpunt en moeten vermijden dat de samenleving zich opdeelt in sub-samenlevingen. Daarom is het ook op het vlak van burgerschap en identiteit gepast om redelijk en proportioneel tussen te komen zodat de samenleving nog steeds met recht en rede samenleving kan genoemd worden.

Om onze samenleving zoals we die tot nu hebben opgebouwd te beschermen en de vrijheden van iedereen in stand te houden is tussenkomen rechtvaardig omdat er een evenwicht was van interlevensbeschouwelijk samenleven dat vandaag hoe langer hoe meer verstoord raakt.

Dit tussenkomen, met andere woorden: dit redelijk interventionisme, moet wel ingetoomd zijn en in verhouding tot het probleem dat we willen oplossen. Het voorstel dat in dit essay gedaan werd voldoet aan die eisen en maakt écht samenleven in een vrije en inclusieve welvaartsstaat bestendig mogelijk. Dáár ligt onze uitdaging, als politici, en allen samen als burgers van dit land: onze vrije, warme samenleving op duurzame wijze behoeden en verder uitbouwen, voor ons, en onze nakomelingen.

> Respect voor religie mag eindeloos zijn, maar het denken er over mag niet eindeloos optimistisch zijn.
>
> Dáár ligt onze uitdaging, als politici, en allen samen als burgers van dit land: onze vrije, warme samenleving op duurzame wijze behoeden en verder uitbouwen, voor ons, en onze nakomelingen.

Voetnoten

1   Jeremy Bentham, *Introduction to the Principles of Morals and Legislation* (1789), J.H. Burns and H.L.A. Hart eds., Oxford University Press, 1996, hoofdstuk 1.
2   John Rawls, *A theory of Justice* (1972), vertaald naar *Een theorie van rechtvaardigheid* door Frank Bestebeurtje en ingeleid door Percy B. Lehning, Lemniscaat, 2006, p. 168.
3   John Stuart Mill, *On Liberty* (1859), Dover Publications, 2002.
4   Fernando Savater, *Vrijheid, gelijkheid, burgerschap* (2007), Uitgeverij Erven J. Bijleveld, tweede druk, 2013, p. 10–11.
5   Edmund Burke, *Reflections on the Revolution in France and other writings* (1790), Everyman's Library, Alfred A. Knopf eds., 2015, p. 464.
6   Michael J. Sandel, *Public Philopsophy; Essays on Morality in Politics* (2005), vertaald naar *Politiek en Moraal* (2016), Uitgeverij Ten Have, p. 294–295.
7   Fernando Savater, *Goed samen leven*, Uitgeverij Erven J. Bijleveld, 1998, p. 94.
8   Michael J. Sandel, *Public Philopsophy; Essays on Morality in Politics* (2005), vertaald naar *Politiek en Moraal* (2016), Uitgeverij Ten Have, p. 212.
9   Jean-Jacques Rousseau, *Du Contrat Social ou Principes du droit politique* (1762), vertaald naar *Het Maatschappelijk Verdrag*, 2015, Uitgeverij Boom, p. 186–188.
10 Michael J. Sandel, *Public Philopsophy; Essays on Morality in Politics* (2005), vertaald naar *Politiek en Moraal* (2016), Uitgeverij Ten Have, p. 258.
11 John Stuart Mill, *On Liberty* (1859), Dover Publications, 2002, p. 63.
12 John Stuart Mill, *On Liberty* (1859), Dover Publications, 2002, p. 83.
13 Daniel Kahneman, *Thinking, Fast and Slow*, Farrar, Strauss and Giroux eds., 2011, p. 105.

14   John Stuart Mill, *On Liberty* (1859), hoofdstuk II: "Of the Liberty of Thought and Discussion" en hoofdstuk IV: "Of the limits to the Authority of Society over the Individual", Dover Publications, 2002.

15   Andreas Kinneging, *Geografie van goed en kwaad* (2005), Spectrum, zevende druk, 2007, hoofdstuk 3: "Tolerantie en pseudotolerantie", p. 46.

16   Jean-Jacques Rousseau, *Du Contrat Social ou Principes du droit politique* (1762), vertaald naar *Het Maatschappelijk Verdrag*, uitgeverij Boom, 2015, p. 187.

17   Tim Hartford, *The Undercover Economist* (2006), Abacus, second edition, 2007, p. 345.

18   Daniel Kahneman, *Thinking, Fast and Slow*, Farrar, Strauss and Giroux eds., 2011, p. 169.

19   Edmund Burke, *Reflections on the Revolution in France and other writings* (1790), Everyman's Library, Alfred A. Knopf eds., 2015, p. 503.

20   Edmund Burke, *Reflections on the Revolution in France and other writings* (1790), Everyman's Library, Alfred A. Knopf eds., 2015, p. 442.

21   John Stuart Mill, *On Liberty* (1859), hoofdstuk IV: "Of the limits to the Authority of Society over the Individual", Dover Publications, 2002, p. 63.

22   John Stuart Mill, *On Liberty* (1859), Dover Publications, 2002.

23   Andreas Kinneging, *Geografie van goed en kwaad* (2005), Spectrum, zevende druk, 2007, p. 281.

24   Edmund Burke, *Reflections on the Revolution in France and other writings* (1790), Everyman's Library, Alfred A. Knopf eds., 2015, *The Petition of the Unitarian Society*, 1792, p. 797.

25   Paul Cliteur, *Moreel Esperanto, naar een autonome ethiek*, Uitgeverij De Arbeiderspers, 2007, p. 172.

26   World Bank Middle East and North Africa Social and Economic Development Group, *The Status and Progress of Women in the Middle East and North Africa*, 2009, p. 4.

27   Edmund Burke, *Reflections on the Revolution in France and other writings* (1790), Everyman's Library, Alfred A. Knopf eds., 2015, p. 509.

28 Tim Hartford, *The Undercover Economist* (2006), Abacus, second edition, 2007, p.10.

29 Paul Collier, *The Bottom Billion*, hoofdstuk 10: "Trade policy for reversing marginalization", Oxford University Press, 2008, p. 157–74.

30 Edmund Burke, *Reflections on the Revolution in France and other writings* (1790), Everyman's Library, Alfred A. Knopf eds., 2015, p. 509.

31 Jean-Jacques Rousseau, *Du Contrat Social ou Principes du droit politique* (1762), vertaald naar *Het Maatschappelijk Verdrag*, uitgeverij Boom, 2015, p. 187.

32 Fernando Savater, *Goed samen leven*, Uitgeverij Erven J. Bijleveld, 1998, p. 170.

33 Voltaire (François-Marie Arouet), *Traité sur la tolérance* (1763), vertaald naar *Verhandeling over de verdraagzaamheid*, Uitgeverij van Gennep, 2015, p. 31.

34 Voltaire (François-Marie Arouet), *Traité sur la tolérance* (1763), vertaald naar *Verhandeling over de verdraagzaamheid*, Uitgeverij van Gennep, 2015, p. 20.

35 Michael J. Sandel, *Public Philopsophy; Essays on Morality in Politics* (2005), vertaald naar *Politiek en Moraal* (2016), Uitgeverij Ten Have, p. 212.

www.ingramcontent.com/pod-product-compliance
Lightning Source LLC
Chambersburg PA
CBHW070812280726
48660CB00015B/410